名师名校名校长

凝聚名师共识
回应名师关怀
打造名师品牌
培育名师群体

　　　　马明遗题

高中语文"教学评一体化"研究

丁光辉 / 著

中国出版集团　现代出版社

图书在版编目（CIP）数据

高中语文"教学评一体化"研究 / 丁光辉著. —北京：现代出版社，2022.3

ISBN 978-7-5143-9776-5

Ⅰ.①高… Ⅱ.①丁… Ⅲ.①中学语文课—教学研究—高中 Ⅳ.①G633.302

中国版本图书馆CIP数据核字（2022）第042007号

高中语文"教学评一体化"研究

作　　者　丁光辉
责任编辑　张　璐
出版发行　现代出版社
地　　址　北京市安定门外安华里504号
邮政编码　100011
电　　话　010-64267325　64245264
网　　址　www.1980xd.com
印　　制　北京政采印刷服务有限公司
开　　本　710mm×1000mm　1/16
印　　张　10.5
字　　数　168千
版　　次　2022年3月第1版　　2022年3月第1次印刷
书　　号　ISBN 978-7-5143-9776-5
定　　价　58.00元

目 录

第一章

高中语文教学的理论认知

第一节　高中语文教学的类型与意义

语文教学是由教师和学生共同参与的教学过程，语文教学是有目的、有教学计划的，而且会从多个角度展开教学，教学涉及多种因素。在具体的实践教学中，师生通过合作形成教学合力，利用一切教学资源为教学活动的开展提供有益的教学环境，为教学的开展营造更加活跃和谐的氛围，为课堂教学价值的实现打下良好的基础。

一、高中语文教学的类型

长期以来，人们进行了多种多样的语文教学实践，总结了丰富多样的课堂管理经验。下面分析一些比较典型的高中语文教学类型。

（一）民主型

在民主型教学模式中，教师能够用积极的教学态度认真严谨地对待教学活动，与此同时，教师还能对学生的学习进行适当的引导。这种教学模式下的语文教师既让人感到亲近，又让人由衷地尊敬，而且学生也能够更加主动、愉快地学习，整体的教学效率有显著的提高。

（二）情感型

对学生进行爱的关怀、爱的教育可以实现教学的不管而管。如果语文教师在走进课堂的时候就满怀着对学生的喜爱、对学生的关怀，表情中自然地流露出亲切的爱意，教学中使用的语言和动作都是亲和的，并且经常表扬学生的进步，发自内心地对学生的优点进行赞扬，那么学生将会受到特别大的情感激发，学生学习的积极性也会得到前所未有的提高。例如，在快下课的时候，有的学生不自觉地做了一些小动作，教师对这样的行为只是发出了轻微的"嗯哼"，以此来提醒学生，当学生注意到教师的关注之后，教师回以微笑，这会使学生感到羞愧，从而非常专心地听课。在分析情感型的教学模式时，我们发现并没有各种值得探讨的技术或技巧，但是这种教学模式又有其明显的特征，学生和教师之间始终有亲切的、温暖的情感传递，无论是教师对待学生还是学生对待教师，都是从亲切、关怀的角度出发，这对语文教学来讲是非常强大的推动力，既能够激发教师的教学热情，也能够提高学生的学习兴趣，对于学生的成长来说是非常有助益的。

（三）教导型

教导型的课堂模式指出，在课堂教学中认真地设计、仔细地实施教学步骤能够解决很多课堂中的突发问题。对课堂进行有效的管理必然能够带来教学效果的提高，所以教师要认真教学，教学内容要与学生的需求相吻合，让每个学生都能够获得他需要的知识，培养学生的学习兴趣，保护学生的学习积极性。教导型的课堂指出，教师的指导是非常重要的，如果教师能够对教学过程、学生发展做出积极而正确的指导，那么将非常有利于学生的成长。

（四）兴趣型

兴趣型的课堂模式指的是教师能够在教学过程中加入艺术化的教学方法，能激发学生的兴趣，并且能陶冶学生的情操。艺术化的教学方法主要指的是教师在上课过程中使用生动的语言、形象的姿态、书写优美整齐的板书、掌控灵活变化的教学节奏，让学生在欢乐的过程中学习知识。也可以说，这种教学模式让教学富有美感，让学生可以体会到教学的美，在这种教学模式中，教师可以通过故事、视频或者有趣的例子引出教学内容，吸引学生的兴趣，然后在后续的教学中使用非常灵活的教学方法启发学生，把学生吸引到教学过程中来，进而实现语文教学的目的。

（五）群体型

这种教学模式建立的基础是社会心理学、社会群体动力学，并且依靠这两种学科理论展开管理和教学。学校教育是一种特殊的群体教学，环境也是特殊的，教师和学生之间要建立有效的、积极的关系。这种理论认为课堂群体属于社会系统的一种，并且具备社会系统的特征，课堂群体的建设和管理应该符合社会群体的一些特定条件，教师要做的就是建立和维持社会群体运行需要的条件。群体型教学管理主要强调领导行为、课堂内聚、人际期望及真诚接纳四个方面的内容。

二、高中语文教学的意义

（一）高中语文教学是提高教学质量的保证

课堂教学一定要有计划、有规律地开展，课堂活动需要遵守秩序和规定，但课堂并不是一成不变的，经常会有各种突发的问题，可能会产生矛盾或冲突，也可能会受到外来事件的干扰，所以为了保持正常的课堂秩序，教师要及时排除可能干扰教学活动的因素，保证教学活动能够正常有序地开展。规定和秩序对于教学活动来讲是至关重要的，有经验的教师非常注重教学过程的管理，只有做好教学管理，才能实现语文教学效果的提升，而且教学管理能够保证教学氛围的和谐融洽，也能够让师生处于和谐的氛围中，进而保证教学任务的有效完成。

（二）有助于促进语文课堂教学持续性生长

课堂教学活动的最终目的是促进师生共同发展。在今天看来，"教学相长"就是指教师与学生的相互影响和相互作用会促进彼此的进步。二者的进步当然离不开良好的课堂教学环境，只有课堂在生长，课堂中的人才能得到生长。课堂的生长是课堂中人的生长的前提，同时，课堂的生长又为课堂中人的生长创造了条件。促进课堂的生长，增强语文教学管理的指向性功能，也是语文教学管理的基本目标。语文教学管理就是要调动各种可能的因素，开掘课堂的活力，发挥其生长功能。如果失去了这一生长功能，课堂气氛就会变得单调，课堂缺乏应有的活力，从而也就谈不上促进人的发展。

第二节 高中语文教学的基本原则

课堂教学管理有其内在的机制与规律，要有效实现语文教学管理的目标，就必须遵循课堂教学管理的原则。高中语文教学原则不仅与课堂教学管理目标有关，而且与课堂系统的特征直接相关。

一、系统性原则

课堂系统是由内在联系的特定要素构成的一个有机统一的整体。把课堂视为一个系统，其构成因素是较为复杂的，既有物质的，也有非物质的，即精神或心理上的；既有有形的，也有无形的。这样一个多因素构成的系统，只有在各因素协调一致时，课堂才会发挥根本作用。因此，教师作为课堂教学的管理者，应具备全局的观念，从系统整体对课堂系统的各个方面进行规划与调整，以便把各种因素有机地协调为一个整体，发挥更有效的功能。在课堂出现突发状况时，要从课堂的整体来分析与把握，从问题与环境，时间、空间与场合，得与失，利与害，个人与集体，社会、历史、现实与未来，自我与非我等多方面的关系中形成一个全面而正确的认识。

二、自组织原则

自组织现象是指自然或客观事物本身自主地组织化、有序化的过程。对于组织的认识，需要我们一开始就假定教师、学生、课程等一道进入的是一个全新的场景。对于教师来说，语文教学管理的目标是通过什么样的方法使学生能够养成自我管理的好习惯，教师并不是在"转让"知识或技巧给学生，而是努力让学生进入自己的世界，让自己进入学生的世界，因而和学生共享一个世界。

课堂的进展过程实际上就是在寻求新的信息，不断从事与创造有意义的对话，不断实现新的连接的过程，且其本身是自然发展着的。但在传统的语文教学管理中，教师常常根据自己的判断试图给课堂加上一些人为的框架，使课堂并不能很好地与之对应，而必须经常加以限制直至它能管理这些框架，因而在课堂教学管理中容易出现单向的专断性控制。在这种情况下，教师实际上是很难对课堂本身进行管理的。课堂作为一个开放的系统，由于对组织的充分重视或自组织作用的充分发挥而趋向自我完善。

三、激励性原则

激励性原则就是在高中语文教学时，通过各种有效手段，最大限度地激发学生内在的学习积极性和求知热情。贯彻激励性原则，首先要求教师在课堂上努力创造和谐的教学气氛，创造有利于学生思维、有利于教学顺利进行的民主氛围，而不是把学生课堂上的紧张与畏缩看作教师管理能力强的表现。

语文教学的任务之一是培养良好的课堂集体和学生课堂行为，但这并不是一蹴而就的事情，需要长期培育，而最好的方法就是通过不断的鼓励和强化手段，激励学生进步，满足学生的心理需求，营造积极向上的课堂气氛。为此，在语文教学管理中需要做到以下四个方面。

（1）教师要鼓励和提倡积极的个人行为，如刻苦学习、遵守课堂纪律、尊敬师长、互帮互助、不耻下问等。对在这些方面有突出表现的学生应及时给予表扬，因为教师的表扬是对学生行为的肯定，这样，学生就会受到鼓舞，增强信心。

（2）教师要用发展的眼光对待每一位学生。现代心理学告诉我们，学生是发展中的人，其生理、心理、知识、能力、自律等都处在发展之中，且处于不成熟、不完善的状态，每位学生不论其目前的状况如何，都存在着发展的潜能。教育的责任就在于使学生的潜在可能性向现实可能性发展。因此，教师应时刻用发展的眼光看待学生，尤其是曾有课堂不良行为的学生，要充分相信他们经过教育培养都能成长成才。

（3）教师要随时关注学生积极的变化，细心发现学生在原有基础上的每一点滴进步，不失时机地给予赞赏，让每个学生都获得成功的喜悦，都有管理其能力的成功体验。

（4）对学生的不良课堂行为要宽容，并且进行正确的引导，促使其自我克服、自我矫正、自我完善。现代课堂管理理论研究表明，教师对课堂的最大影响就是对学生发展的激励。激励是有效语文课堂教学的核心。

四、反馈性原则

运用信息反馈原理，对课堂管理进行主动而自觉的调节和修正，是反馈原则的基本思想。高中语文教学的具体要求的措施只有建立在班级学生思想与学习特点的基础上，才能具有针对性和有效性。这就要求教师在教学工作的起始环节——备课过程中，认真调研教育对象的具体情况，分析研究必要的管理对策。我们发现在一般的备课过程中，对语文教学管理的设计是普遍忽视的，致使参与教学过程的课堂管理缺乏明确的意识导向，甚至影响教学进程或削弱教学效果。

语文教学管理的反馈性原则，还要求教师在课堂教学的过程中不断运用及时信息来调整管理活动。由于课堂教学是在特定的时空内，面对的是鲜活的学生，这是一个多因素彼此影响和制约的复杂动态过程，可能出现各种突发状况。因此，教师应不断分析把握教学目标与课堂教学管理现状之间存在的偏差，运用自己的教学机制，因势利导，确定课堂管理的各种新指令，作用于全班学生，善于在变化的教学过程中寻求优化的管理对策，而不应拘泥于一成不变的管理方案。

第三节 高中语文教学的理论支持

高中语文教学虽然是一个实践问题，但有着深厚的理论基础。如果能依据相关的心理学、社会学、生态学理论进行管理，就会使教学行为更为合理、有效。

一、高中语文教学的心理学理论

自冯特建立第一个心理学实验室以来，心理学的发展为教育教学的科学化发展产生了积极的推动作用。在语文教学环节也不例外，心理学家桑代克在其《教育心理学》中确立了一种客观的研究精神，将课堂诸现象解释为刺激—反应的联结，以行为主义为代表的心理学对人的行为的关注这一理论研究范式的确立及其在课堂管理中的应用，使课堂管理在科学化的轨道上逐渐走向深入，并在以后的几十年中占据主导地位，成为课堂管理研究的主要理论来源。在20世纪60年代，由于认知心理学和人本主义心理学在教育理论及教育改革中优势地位的获得，语文教学管理理论产生了一种新的范式的转换，如认知心理学强调从对人的认知分析入手，试图使学生了解语文教学管理的一般规范，理解教师课堂教学管理行为的原因与方法，从而使学生形成自觉的课堂行为，并由认知逐渐形成积极的师生关系，维持与促进课堂秩序，如向学生说明行为的目标，使学生明了其行为与结果之间的逻辑联系，进而做出教师所期望的行为；而人本主义心理学则从对学生的需要、潜能的分析入手，对人的行为的产生原因和发生机制进行研究，进而将这种研究运用于课堂，如格拉舍（Glasser）的现实疗法就强调将课堂建设成一种积极的、富有启迪的教育环境，教师应向学生提供最好的机会去发掘隶属感、成就感和积极的自我认同感。

心理学的研究范式与研究思路也为课堂管理提供了方法论指导，使课堂管理有了自己的基本理论和研究范式。既然心理学是语文教学管理的主要理论依据之一，课堂教学过程中的心理过程、心理特征及课堂中特有的心理结构必然进入课堂管理首要的研究范畴。教学活动包括人的智力因素和情感、意志、行为、个性倾向性（需要、动机、兴趣、理想等）和个性特点（性格、气质等）等非智力因素的参与，忽视非智力因素或忽视智力因素都是片面的，都将影响语文教学的操作，甚至影响课堂教学的质量。

对学生来说，课堂上各种科目的教学活动是丰富知识储备，提升学习能力，开阔视野，逐步形成价值观、人生观、世界观的主要途径。《普通高中语文课程标准（2017年版2020年修订）》明确提出了语文教学要重视培养学生的核心素养，既要强调语文知识技能的外显功能，还要重视其隐性价值。此外，多年来国内外心理学领域针对人类智力发展的研究已表明，人的智力水平随着年龄的增长，超过一定的数值之后就很难再出现大幅度增长，此时，学生自身具备的非智力因素成为影响教学效果的主要原因。因此，这意味着教师在对学生进行教育的过程中，要同时考虑到不同学生的智力水平以及其他非智力因素对于培养学生形成适合当前时代发展所必需的知识能力、道德品质、精神面貌和行为方式。

从20世纪80年代开始，我国教育理论的研究逐渐关注非智力因素对人才培养的重要作用，这方面的权威著作有上海师范大学心理学家燕国材教授编写的《非智力因素与学习》、天津师范大学心理学家沈德立教授编写的《非智力因素与成才》等。目前，在心理学领域，非智力因素可以划分为情感发展水平、意志发展程度、道德品质、个性特征四大类，这些因素虽然不直接参与学生形成认知的过程，但是能够对认知过程起到一定的制约作用。

此外，非智力因素对学生综合能力发展的作用主要体现在以下三个方面：一是推动力作用，如世界观、人生观、价值观、兴趣、理想等非智力因素能够帮助学生明确学习活动的目标和方向，使其获得内在的驱动力和坚持不懈的毅力；二是定型化作用，如独立能力、自制力水平、耐力、自觉性等非智力因素能够帮助学生养成良好的学习习惯；三是学生的性格特征，如细心、责任感强、勤奋、诚实等能够在一定程度上弥补学生在知识储备和能力方面的不足。

二、高中语文教学的社会学理论

从社会角度看，课堂是一种特殊的社会系统，是一个微型社会，是社会大系统中具有特殊功能的一个小系统。在这个系统中，教师、学生和环境之间不断发生作用，经常产生不可回避的矛盾和冲突。社会学的原理与研究对于语文教学管理的启示是很有借鉴价值的。因为课堂也是一个微型社会，教师和学生在其间彼此共生与互动。这一互动不仅促成了多种多样的课堂景观，而且使课堂呈现出复杂的社会特征。

（一）功能主义理论

功能主义特别强调社会结构中的每一部分对于社会整体生存所发挥的作用，认为社会的组成及其生存方式同生物体非常类似。此外，功能主义认为，每个社会都有一个共同的文化，这是一种社会成员共享的价值或伦理准则。只有当社会成员之间具有共同的认识、共同的态度和共同的价值观，才能减少社会的冲突，社会才能维持稳定和谐、才能发展。对于教育而言，就是要使个体社会化，培养人们具有共同的信念、共同的态度和统一的价值标准，使社会的共同价值内化于个体之中，促使社会成员对不断变化的社会在思想、态度方面能保持和谐一致。

功能主义对于高中语文课堂教学的启示在于：首先，教师要注重课堂中的文化建设，建构共同的信念与价值系统，使课堂成为一个和谐的共同体。为此，教师要有意识地在学生中培植理想与努力方向，建立明确的目标和共享的价值体系，并对学生如何获取这些价值体系给予足够的关注，对价值系统进行持续不断的研究。教师还要善于在宏观背景下组织学生行动，并注重建立行动过程中畅通的交流渠道，通过交流让师生分享活动过程中的经验。这样不仅能够传达课堂中发生的事情，还有助于认识各自的角色及其关系，并最终形成团体的意义，使课堂中的所有成员形成共同的认识与信念。有了这一和谐的共同体，就能减少或避免课堂中的冲突与混乱，形成课堂中的内聚，促进课堂教学的顺利进行。其次，课堂亦是一种微型社会系统，包含着物理的、认识的、社会的、情感的等多种因素，这些因素都处于整个系统内复杂相连的各个环节中，任何一种因素的变化都将对整个系统产生影响。同时，其功能的发挥取决于这一系统结构的整体优化。因此，教师在课堂教学的过程中，要对课堂教学环境进行积极的改造，对各种因素加以调适和整合，使课堂中各种因素结合成一个统一整体，并达成协调一致，从而适应课堂系统的整体而达到平衡。

（二）管理互动理论

管理互动理论是20世纪70年代后兴起的一种注重对具体情况进行解释性分析的社会学理论，它强调对现实本身的剖析，并重视探讨通常现实的过程和存在于这一过程中的主观目的性与交互作用，这一理论认为人既是行动者，又是反应者，人对外界环境做出反应，不只是物理性的，而更多的是通过语言、手势、表情等这些表达思想的管理做出反应的。人总是生活在一个象征管理相交往的世界中。对于学校或者课堂而言，它们也都是由一个表达一定的社会意义的各种管理所组成的环境，学校生活或课堂生活的过程实际上是教师与学生之间以管理为媒介的社会互动过程。在这一过程中，学生了解和适应周围的环境，从而发展自我。

第四节　高中语文教学的有效性分析

党的十九大明确提出："要全面贯彻党的教育方针，落实立德树人根本任务，发展素质教育，推进教育公平，培养德智体美全面发展的社会主义建设者和接班人。"随着国际国内发展形势的快速更迭，深化课程改革是我国教育发展的必然之路，摒弃传统课堂"教师讲，学生听"这一僵化的教学模式，广泛应用"少教多学"这一教学理念，让学生成为课堂的主导者，让学生掌握学习的主动权。例如，教授同一篇文言文课文，教师在传统的课堂上只是带领学生逐字逐句进行通篇讲解，而在教育改革背景下的课堂上，学生可以通过辩论、展示等活动对教师课前针对课文提出的问题做出解答，发表自己的感想，并提出新的问题，这一模式相比于前者，能够不断挖掘学生的潜能，使学生实现自主学习、探索式学习和终身学习。

一、创设有效情境营造宽松课堂氛围

当前社会发展的特点和时代人才培养的需要，要求高中语文教学必须以新的面貌、新的姿态来面对新的挑战。从课堂教学模式层面来看，传统的教学方法主要是讲授法，虽然这种模式能够有效地进行整体教学，但由于学生只是被动地接受知识，会导致教师忽视学生之间的个体差异，不利于培养学生的创新能力和学习能力。在新课程改革的倡导下，教师要转变教学模式，通过教学内容为学生创设有效情境，丰富课堂活动，让学生掌握课堂的主动权，敢于提出新问题、新想法，将语文知识和实践有效地结合起来，让语文教学展现其真正的生命活力。

二、以问题为纽带带动学生进行创新

新课程改革把培养学生具备创新能力和探究能力作为教育的目标之一，要求教师不断创新课堂教学方法，丰富课堂教学活动，正确引导学生成长。由于创新能力不是通过简单学习课本上的知识就能获得的，而是一种需要在教师的正确引导下经过长时间训练、培养才能形成的能力，因此，教师在培养学生创新能力和探究能力时要重视以下三个要点：一是注重培养学生的主动意识，教师通过设置既囊括了课本知识，又能激发学生主动进行思考行为的问题，能够逐步引导学生充分发挥主观能动性，开阔思路，掌握分析和解决问题的方法；二是重视教学过程中引导学生行为活动的功能作用，在教学活动和与学生的日常交流中，教师要向学生传达创新能力对于个人和社会发展的重要作用，引导和鼓励学生在学习实践中不断创新，提出新问题、新想法；三是重视教学评价的功能作用，教师要及时对学生的创新思想和相关的行为活动给予一定的认可，增加学生的信心，还可以在此基础上加以深度指导，使学生能够更深刻地体会到创新能力的积极影响。

三、引导学生自主与合作的深入探究

学生能够针对问题和知识进行深入的探究，一方面离不开学生的主观能动性的发挥；另一方面学生之间、学习小组之间的合作交流也非常重要，这种沟通能够让学生认识到自己的不足，发现其他同学身上的闪光点，互相学习、互相监督，实现共同进步。以语文作文教学为例，传统的教学模式是将语文作文的相关知识分散成一个个考点，逐一借助案例进行讲解，这种程序化和格式化的教学模式会使学生失去阅读的兴趣，感受不到写作的乐趣。而如果教师让同学们互相点评各自的作文，交流各自的阅读感受，针对作文中存在的问题提出相应的解决方案，不仅可以活跃课堂气氛，增加每个学生的课堂参与度，还可以提高学习效率，高效利用简短的课堂时间。

四、做出对学生与课堂的有效评价

　　教师要想达到最佳的教学效果，一方面要能够将丰富、正确、深度的知识循序渐进地传授给学生；另一方面要重视师生之间及时的双向评价。首先，学生对于课堂教学做出的客观评价，有利于教师根据学生的反馈及时对教学计划加以调整；其次，教师在课堂教学过程中，及时对学生的课堂表现通过肢体动作、语言表达、眼神传递等途径给予反馈和评价，传达的信息可以是积极的认可或赞扬，也可以是带有惩罚意味的批评或否定，这种双向评价有利于教师充分掌握不同学生的学习进度，因材施教，高效利用课堂时间。此外，新课程改革背景下的教学评价，要求教师不仅要关注学习成果，更要注重每个学生的学习过程，对学生在解决问题时展现出的合作能力、沟通能力、自学能力、创新能力等因素进行综合评价。

第二章

高中语文教学质量的结构与监测

第一节　高中语文教学现有问题审视

　　高中语文教学内容丰富，包含了传统民族文化教育内容，历史人文精神教育内涵，德育教育思想品质内容的渗透等。教师在语文教学中，需要从丰富的教学资料中化繁为简，明确教学目标，厘清教学思路，优化课堂设计，让学生在学科学习中摒弃被动接受知识的学习经验，主动学习自主探究，在科学的解题方法中提升对知识的运用能力，掌握学习的策略是本节要讨论的问题。下面以语文阅读为例，具体分析高中语文教学现有问题与解决策略。

　　语文阅读理解题是高考的重点，也是语文教学中重要的内容。学生通过文本阅读能开阔文学视角，获得丰富的文学知识，发展创造性阅读的思维，促进良好品德价值观的形成，具备适应未来信息化阅读的社会能力。因此，高中语文教师在教学中要充分重视对学生阅读理解题的教学，充分挖掘阅读的价值内涵，为学生终身发展打好基础。

一、高中语文教学中现存问题

　　随着新课改的推进，高中语文阅读教学在形式上做出相应的调整，教学理念也发生了变化。但是，语文阅读教学的效益不太显著，主要表现在学生在阅读学习中严重依赖语文教师的讲解，在学习中缺乏主动性，无法独立自主地展开语文阅读理解题的自我学习，顺利实现自我提升的过程。这说明语文教师在阅读理解题的教学中需要优化教学方法，调整教学策略，提升课堂教学的效益。

　　高中语文教师在阅读理解题的课堂教学中，对学生应试能力进行了相应的教学，而忽略了对学生综合文学素养的培养，学生语文学习能力发展不平衡，无法实现综合能力的全面发展与进步。教师在阅读教学中注重将要点知识和难点知识详细透彻地灌输给学生，并未充分考虑学情，兼顾学生的个性发展，忽略学生对阅读理解学习的主观体验和接受程度，从而降低了学生进行创造性阅读的能力、自主探究式学习的能力，也降低了教学质量，影响了教学效率。

二、高中语文教学问题的解决

（一）体现个性，忠于原文

在教学中，高中语文教师利用群文阅读和单元整体教学的方式让学生通过对阅读材料的分析与梳理，提升收集材料的分析概括能力，在个性和共性中找到解题的思路。语文教师为了让学生掌握"论从阅读出"的方法，引导学生在答题中既要体现自身的独到见解，又要忠于原文，依托阅读作者的主张进行答题，在收集到相关答案素材后，要根据题目要求进行压缩、提炼、组织语言等归纳出正确的答案。字不离词，阅读要求理解某个意思时，要把字放到整个词语中进行理解。词不离句，则要在理解词语上下文的作用中了解语境之意。语文教师为了让学生做到句不离段、段不离文，给学生整理出大量阅读材料练习，让学生在具体的语段和语言环境中，理解阅读的写作思路，体会文章的中心思想，在对比实践中掌握学习的方法。比如，在实施单元教学中让学生从《左传》《战国策》《史记》中自主提炼出关键词，掌握提要钩玄的阅读方法，概括文章的大概脉络，提升概括力和表达力。

（二）培养学生自主学习能力

确定阅读理解文章的文体是第一步，在此基础上让学生对段落大意和文章主题进行提炼，从整体把握阅读理解题后，在文章的开头结尾、段落的开头结尾寻找提示性的要点句子，养成随手标记的阅读习惯。语文教师既要重视阅读理解技巧的传授，又要配合学生进行语文阅读探究能力的提升。语文教师在教学中要有意识地培养学生梳理文章脉络，掌握作者谋篇布局的写作技巧，体会作者的写作方向，抓住适当的机会训练学生思维的逻辑性。语文教师在教学中引领学生梳理做阅读理解题的思维脉络，让学生依照阅读解题的方法进行自主探究式课外阅读训练。

（三）从表现手法中品味阅读理解的精妙之处

阅读理解的文章中都融入了作者组织语言的技巧与表情达意的手法，在阅读理解教学中，很多文章呈现了鲜明的表现手法，语文教师运用典型文章作为切入点，进行问题铺设，能有意识地引导学生品味表现手法，理解文章的表达技巧，应用表达技巧进行文学创作，进而在这一教学过程中实现学生阅读能力的提升。

构建高效的高中语文课堂，提升学生的阅读理解答题能力，语文教师要经常性地选编一些短小精悍、文质兼优的典型篇目进行针对性的训练。这是一个循序渐进的训练过程，需要学生从小见大，见微知著，从整体阅读理解学习的观念出发，以篇为单位进行部分阅读理解的训练，从个性中提炼阅读理解题的解题思路，从而提升阅读解题能力，实现质的飞跃。

三、高中语文教学质量的影响因素

（一）教师因素

教师作为教学的主体之一，在教学过程中起主导作用，是知识、能力的直接传授者，是教学过程的组织者。正因为如此，教师本身的特殊地位和特殊形象对学生的影响是相当重要的、无可替代的。不仅教学的方向、内容、方式方法、进程、结果由教师的教学所决定，学生的学习动机、学习方法、学习效果及能力培养也都直接受教师教学的影响。语文教师要提高教学质量，就要从教师自身做起。

我们经常在实际工作中看到，同一教学内容由不同的教师去讲解、传授，所达到的教学效果往往大相径庭。一位品德高尚、业务精湛、阅历丰富的教师容易获得学生的尊重，学生对他的教育乐于接受，其优秀思想品质也潜移默化地影响学生个性的形成。相反，一位教育素质欠佳的教师，就很难得到学生的尊重和爱戴，他的要求和指导即使正确无误，也往往被学生所轻视甚至排斥，他的教育也就显得苍白无力，达不到教育的目的。教师的思想观念、治学态度、业务水平、教学方法和创新能力，在很大程度上影响着所培养人才的质量和效果。

没有高水平的教师队伍，就不可能培养出高质量的人才，师资力量是影响教学质量的首要因素。提高教师队伍的素质，主要从教师的职业素质抓起。教师的职业素质包括身体素质、思想素质、心理素质、外在素质、文化专业素质等方面。教师的职业素质优劣关系到教师能否胜任各种复杂的教学工作。

优秀的高中语文教师，首先要成为一个教学中出色的"匠"。他要了解本学科的系统知识体系，有一套属于自己的解决问题的方法。比如，教学对象明确，教学思路清晰，教学方法（形式）得当。另外，还要讲究教学艺术，使自己的课堂充满魅力。教师具有良好的职业心理素质，如乐于与人打交道、热爱学生、擅长表达自我、有广博的学识，唯有如此，才能提高业务水平和品德修养，才能赋予人一种大气，才能真诚地鼓励学生放飞想象的翅膀，去拓展变得十分逼仄的心灵空间和精神世界，从而保证教师的身心健康和教育任务的顺利完成。

语文教师的能力修养包括语文能力、教学能力等多个方面。语文教师的语文能力同学生一样，也体现在听、说、读、写等方面。教学能力包括独立备课能力、驾驭课堂能力、教学反思与评价能力（如批改作业、评阅试卷、检查教学效果、指导开展课外活动等）等方面。

一名语文教师的教学艺术集中体现在备课与教学上。一位好的语文教师，首先要过讲课关，用自己的魅力感染学生。这里的"讲"要注意以下要素。

（1）语言要准确、流畅、清楚、有节奏感。

（2）要有针对性，充分注意学生的可接受度。

其次要过教材关，教学要"用"教材，而不是"教"教材。既要熟悉教材，又要对课文的理解准确，学会使用多种教学参考资料，提出自己的理解意见，而不是人云亦云。

最后要过教法关，把系统的讲解变成答疑和讨论，课堂先是学堂，通过教师的教学使学生明确自己应该怎样学习语文，教师应该调动学生学习的积极性，让学生在课堂上享受到学习的乐趣。

教师的因素对教学质量的影响，突出反映在教师的教学工作中。教师的教学工作主要通过授课来进行。授课是学校教学的一个主要方式，包括课堂讲授、讨论教学、实践性教学、考核等教学形式。优秀的高中语文教师的主要特点是把自己的教学体会传授给学生，教会学生怎样读书、写作文。教师通过授课引导学生获得知识，形成技能、技巧，发展智力、能力，培养学生科学的世界观和高尚的道德品质。在教学过程中，教师通过授课，能否引发学生的学习动机，激发学生的积极思维，学生是否学会了教师想要传授的知识，是否推动了学生对其他知识的学习，等等，这一切的教学效果都取决于教师整体授课水平的高低。

教师授课包括备课、课堂讲授、课后辅导、批改作业、指导实验和实践等环节，而课堂讲授又包括教学内容、讲授方法、教学手段、教学态度等各个方面。通过每个环节、各个方面的质量积累，形成整体的教学质量。所以，要提高教学质量，就必须在教师授课这个重要环节上下功夫，通过各种有效的措施，不断提高教师的整体授课水平。

教师要有育人的真本领。教学工作每位教师都在做，不过，"教过"不等于"教会"。每位教师都能做到"教过"，而要"教会"学生学会学习，使学生真正受益，教师就须好学不倦，苦练基本功；研究学生，因材施教，独立思考，善于发现。知识和技术的发展更新，要求教师重新审视自己的学生观、教学观、教材观，对所从事的教育教学工作有自己的看法与见解。教师应该养成思考、探索、研究的习惯，看问题能深入底层，有创见卓识。

1. 语文教师的形象

语文教师的教育转型已迫在眉睫。但是想要成功转型，必须要求语文教师具备一定的优秀素养。当清楚了教师所具备的优秀素质和条件后，才能对症下药，安排和部署教师的具体工作与任务。

（1）语文教师应富有爱心。从古至今，热爱和兴趣永远是最好的老师，不论想要做好哪项工作，首先必须热爱它，这句话更加适合教育行业。教育是一份伟大的工作，它是教师和学生之间心灵世界的相互沟通，是两个生命之间的密切接触。如果对于工作和学生没有足够的热爱，那么教师就很难得到学生的认可，并走进他们的内心世界。

教育事业涉及众多领域，语文教育属于母语教育的范畴，所以和其他教育不同，语文教育具有一定的特殊性。作为语文教师，更应该具有爱心和善心，有着高尚的品德，对人类精神和文化意蕴有着自己独到的见解。语文教师作为人类文明的传播者，在热爱世界文明的同时，也应当有自己深刻的体会，内心世界也应当对学生充满炽热的感情。作为语文教师来说，正确的教育之爱应当体现在以下几个层面。

第一，热爱语文教育事业。语文教师对语文教育的态度可划分为以下三个层次。

第一个层次仅仅是将教育工作视为谋生的手段，这些教师并不热爱教育行业，只是单纯的上班工作，缺乏创新思维和积极上进的态度，他们的所作所为可以说是"为生计而做语文教育"。

第二个层次属于相对重视教育事业的人，他们把语文教育视为生活的寄托，语文教育对他们来说不仅是一份工作，也是一种生活的寄托。他们对学生相对负责，他们认为自己有责任和义务帮助学生谋划更好的发展与未来，他们在工作中兢兢业业，能够较好地完成自己的工作任务。但是还不能够主动追求卓越，他们是为了生活而做语文教育。

第三个层次是热爱并将语文教育视作生命核心的人。这些人认为他们从事语文教育，不仅是为了文化的传承和引导学生的成长，还是精神的需求和自我价值的实现。他们不是将语文教育视为一份工作，而是将它看成生命中的一部分，发自内心地热爱语文教育。因此，这些人在工作中充满激情，往往能够出色地完成各类任务，还能够积极创新更好的教育理念和方法，他们不断追求着语文教育的卓越，更阐述着自己对人类文明的理解。

第二，热爱学生。教育的对象是学生，语文教师要把学生视作一个大写的人，教师应关注学生的学习方法和学习情况，以及学生的学习态度和学习兴趣。孔子对于自己的学生能够做到有教无类，充分理解，给予学生足够的尊重和欣赏，这也是他能成为万世师表的真正原因。孔子对学生发自内心的尊重和欣赏，使他的门人子弟对他十分崇敬和爱戴，自愿继承他的衣钵。一位教师如果能发自内心地热爱自己的学生，那么他肯定会在教育事业上充满激情。

（2）语文教师应有丰富的知识。作为一名优秀教师，必须拥有对语文教育和学生的爱，还必须具备一定的文化底蕴与专业知识素养。拥有完整的知识结构和丰富的知识储备对语文教师来说尤为重要。通过对教师知识结构的深入研究，学界认为一名优秀的语文教师需掌握一个相对完整的知识体系，具体包括以下四个方面知识。

① 普通的教学知识。教学知识的掌握程度直接影响教师的教学效果，因为只有掌握一定的教学知识，才能够运用到自己的教学中。教学知识获取的主要途径为阅读教育学经典著作，从作品中感悟教学并学会实际运用。

② 教学的内容知识。教师作为知识的传授者，自身必须对语文教学所囊括的全部知识烂熟于心，主要包括文学常识、文章的剖析与解读类知识、听说读写译知识等。由于各个学科教师需要的知识体系存在差异，因此教师须对本学科的知识体系有清晰的认识。阅读教学就是一个很好的例子，在阅读文章时，只有具备较强的阅读能力，才能够深刻剖析和解读文章，才会有不同于他人对文章的感受；也只有教师具有出色的写作能力，才能够真正做到触景生情并表达出他人难以描述的东西。

③ 学科教学知识。所谓学科教学知识，其实就是语文教学法知识，教师传授给学生知识时往往会采用一定的教学方法，如情境导入法、类比迁移法等。

④ 背景知识。语文教师只掌握本学科的知识是远远不够的，由于语文涉猎的知识面十分广泛，因此语文教师还需要拥有一定的背景知识。只有将这些知识融会贯通，才能达到最佳的教学效果。

以上所提到的四种知识，它们之间相互联系、互相影响，构成了一个完善的知识体系，为教师文化底蕴与专业知识素养的形成注入了新的活力。

（3）语文教师应富有幽默感。幽默感是语文教师十分重要的思维品质和特殊本领，也是语文教师最主要的第一助手。下面主要从三个方面阐述语文教师应富有幽默感的原因。

① 就语文本身而言，语文就是一门语言艺术，教师的幽默谈吐不仅可以提升学生对语文的学习兴趣，还可以端正学生的生活态度，不会轻易被挫折打败。众多特级教师的课堂中充满笑声，可以形成融洽的师生关系，造就良好的

学习氛围，让学生在笑声中得到智慧和启迪，达到教书育人的目的。

② 就课程内容而言，一些文学作品中一直就有幽默的传统，要想将这些课程内容很好地传授给学生，就要求教师必须具备一定的幽默感。例如，在学习中国诗学时，要想真正地感受作品或走进作者的内心世界，教师的幽默感是必不可少的。

③ 就教育现实而言，随着当下教育行业压力的不断增加，教师的压力需要得到一定释放，幽默感恰好可以起到解压的作用。它可以使教师保持愉悦的心情及积极向上的生活态度，化压力为动力，达到很好调节情绪的效果。

2. 语文教师的学科能力

（1）强化文本解读能力。"作品"和"文本"在概念上是有联系的，但"作品"近些年的出现率要低于"文本"，这是思维观念发生的改变。"作品"和"文本"概念并不相同，前者时常提到作者，而后者则注重文学实体，其由语言文字构成，可自成一派。换言之，就是"文本"是独立存在的，作者虽然有文本的著作权，但并不能垄断他人对文本的认知和理解。文本体现出的意义既包括读者阅读文本时依照自身经验而总结出的意义，也包括作者在创作过程中要表现出的意义。

中学语文教学也开始用"文本"代替"作品"，文选型教材多为中学语文教材类型。因此，理解和分析文本意义才是语文教材对文学类课文提出的要求，语文教师和学生都要做到理解文本。语文课程标准并没有对语文教学的内容做出明确规定，因此，语文教师要正确解读文本内容，根据具体情况决定教学内容，并充分二次开发语文教材的内容。

通过上述分析之后可以这样理解，语文教师理解、分析和阅读文本的才能就是对文本的解读能力。语文教师是否在逻辑思维、审美和文学素养上具备很强的能力主要看这一才能，以下几点都很好地展示了语文教师对文本的解读能力。

① 文本解读能力是基本的能力素养。在中学语文教学中，"阅读教学"非常有必要。文本与教师、学生和作者之间的沟通桥梁就是阅读教学。语文课程标准给出以下三层含义：一是对话要存在于文本和语文教师及学生之中。确切

地说，对话就是解读文本，是语文教师和学生以自身经验为基础来理解文本；二是学会阅读，是指教学过程中，学生在语文教师的引导下与文本发生一系列对话；三是语文教师在指导学生的过程中以文本为中介与学生产生互动，加强理解。针对这一分析能够得出，阅读教学的关键在于教师能否深入、正确地理解文本，只有做到这一点，教师才可以轻松应对学生提出的问题，才能够游刃有余地引导学生；教师对文本的理解要达到相应水平，才能精准地解答出学生对文本产生的问题。

相反，如果教师不能正确地解读文本或是不具备解读文本的能力，也许会出现学生误解文本的现象，或是对文本的理解只停留在表面。因而，文本解读能力是语文教师的风向标。

② 教师的文本解读能力影响学生的解读能力。让学生正确理解某一文本只是阅读教学中的一个目标，因为中学语文课堂并不能涉及全部的语文文本，阅读教学只是为了让学生具备能够正确阅读的能力，从而正确解读文本。如果语文课堂教学实现了这一点，就会由原地踏步走向逐渐上升。

③ 文本解读能力决定教学目标的确定。选择教学内容时要充分考虑文本的解读能力。语文教师对文本内容的解读才是教学设计的开端。语文教师只有分析和理解了文本，才能在确定教学目标时加入自身的理解，并紧靠学情，只有明确了教学目标，才能筛选教学内容，之后才可以有针对性地选择教学方法、敲定教学环节。如果教师缺乏对文本解读的能力，无法理解文本更深层次的含义，就无法准确定位教学目标，在选择教学内容时也会产生偏差。如果不能正确地解读文本，那么就会让后面的每一步产生错误。从当前形势可以看出，教学好坏并不是中学语文教师面临的最大问题，教学正确与否和教学内容才是。

语文教师具备的文本解读能力与之有着紧密的联系，因为对文本分析产生错误，所以不能够成功解读文本更深层次的内涵，而利用巧妙的教学方法化解这一问题往往是很多语文教师的选择，以便展现自身拥有的高水平教学技能，但这种做法明显有些本末倒置，对于理解不透彻的教学内容使用高超的教学技能和方法来粉饰，虽然可以得到一时的赞扬，但良好的教学效果是在正确理解教学内容的基础上才能得到保证的。

结合上述观点可以得出，文本解读能力既是评判一位语文教师是否合格的标准，也是他们应具备的基础能力。语文教师解读文本的方式决定了文本的准确性，对文本的准确解读又决定了教学内容是否正确，而教学内容正确与否则决定了语文课堂取得的成果。语文教师所接受的教育就是其解读方式的来源。

④ 教师文本解读能力的现状。文本解读能力体现出的重要性不言而喻，初期的语文教师在文本解读方面存在着困难。特别需要强调的是，教学实践时间的增长会增加文本解读的困难比例。换句话说，语文教师会随着不断增加的教学实践时间而充分意识到自身所缺乏的文本解读能力。

语文教师缺乏一定的文本解读能力也得到了其他研究者的认可，这非常不利于语文教师的教学，但也体现出了这一能力所发挥的重要作用。

（2）强化学情判断能力。在语文教师的学科实践能力中，最重要的就是学情判断能力，它直接决定了一堂语文课的成败。在语文教学时，对学情有准确的判断和了解、以学情为基础开展教学活动是教师必须做的两项工作。如果语文教师不能对学情做出正确判断，那么其课堂教学就会出现混乱。有学者认为，教师具备的这种能力是从分析"学习起点"到关注"学习状态"再到评估"学习结果"，这个过程是动态的、连续的。在语文课堂教学过程中，语文教师具备的学情判断能力可以分为以下三个详细阶段。

① 教学设计阶段的学情判断能力。只有充分了解了学生的起点，并对其学习中存在的困难有正确判断，才能让学生更加有效地学习。教师要有针对性地安排教学活动，才能让学生在课堂上真正地参与到学习中来。而教师对学生的学情判断能力关乎着这一目标的达成。

不清晰的学情判断对语文教学设计没有任何作用。教师要在教学目标与内容中充分融合学情判断。站在这一角度上，也可以这样认为，教学内容和学情判断相辅相成，二者都是课堂教学目标中不可或缺的部分。很多一线教师已经意识到了这一点，但他们在很多时候都以一种不清晰的经验来做判断，如在上课之前不深入了解教学内容而只是粗浅地判断，学生的存在是抽象的、模糊的，教师并没有真正意识到学生在经验和起点上存在的差异，也没有真正意识到他们面临的学习难题。因此在课堂教学时，很多教师做出的预测和判断并不准确。而教师如果在课前利用些许时间和方法了解学情,哪怕了解得不够,也会让自身的学情判断能力得到极大的提升。

学生在学习中遇到的困难可以在其做出的预习题中充分地展现,通过学情就可以判断出准确的教学内容,从而提高教师的学情判断能力。

② 教学实施阶段的学情判断能力。"驾驭课堂"是语文教师中老生常谈的一个词。在课堂教学过程中,这句话可以充分展现出语文教师具备的学情判断能力,其中的"驾驭"指驾驭学情。教学过程是动态的,"教"与"学"在不断磨合的过程中形成了一场课堂教学。如果教师在"教"的过程中非常顺利,那么就能结束"初始阶段",直接开展"下一阶段"。但很多时候,"教"的过程并不顺利,因为学生在班级授课制度下并不具备相同的学习经验,因此实际的学习情况也是不同的。学生对于教师的提问所表现出的状态是不同的,有的学生认为简单,而有的学生则认为很难。只有迅速地给予反应,才是课堂中实际的学情判断。当教师意识到学生的困难时,要及时回到最初的问题并调整教学内容。有效的学习就是教师和学生不断磨合下产生的。教师"教"的"下一阶段"也会在不断发展的学习经验下展现出更大的价值。在课堂教学中,教师具备的学情判断能力可以帮助他们顺利地开展教学活动。课堂驾驭能力、教学艺术和教学机智等都可以被认为是学情判断能力。

③ 教学评估阶段的学情判断能力。教师在评估中判断和分析学生学习经验就是其在这一阶段展现出的学情判断能力,这可以帮助教学顺利地展开。

教师在教学评估阶段分析学情时,可主要依据各种测试以及课堂作业和家庭作业。教师呈现学情的方式既可以是书面的,也可以是口头的。分析之后可以发现,教学目标是否与学生所学有足够联系,还可以更深层次地探究学生语文发展情况。语文教师通过学情分析能够对学生学习情况做出准确判断,以便随时调整教学策略和方式,从而帮助学生更好地学习。

评估阶段进行学情判断时,要特别注意以下两个方面。

首先,适度为学生布置作业和进行测试。学情虽然能够通过作业和测试反映出来,但如果二者超出了一定范围,就会导致学情判断失误,还会加重学生的负担,作业和测试的加重会增加学生的压力,从而无法得到他们实际的学习情况，也让学生面对大量作业和考试时出现抄袭与作弊行为，而在这种情况之下得到的信息都是不准确的，并不能作为有效信息。因此，只有适度的作业和测试，才能准确地反映出学情。

其次，科学、合理的数据分析显得尤为重要。中学语文测试后得出的平均分是当前学情判断的主要数据来源，语文教师也可以从平均分中判断出整个班级的语文学习状态。但学生的纵向变化并不能单纯地从平均分上看出来，学生在语文学习中遇到的具体问题也不能在平均分上体现出来。通过平均分能够看出班级之间差距的大小，但这些差距却不能具体到哪个方面。有时从小数点后两位计算平均分可以同时判断出学生的学习情况和教师的教学情况，但此时的测试成绩就不是只用于学情判断了。实际上，学情判断可以依靠平均分，但不能只看平均分。因此，所有测试成绩都可以作为学校、班级和学生分析知识点的数据，并可以采取纵向对比和横向对比的方式分析各个数据，找到学生和班级中出现问题的知识点，以便调整后续的教学工作。

语文教师要完成的工作比较多，因此数据分析时基本不考虑平时作业，但教师会将作业中出现的错误标注出来，让学生修正之后再批阅，有的教师会分析有代表性的错误，这就是学情评估所发挥的作用。

语文教师不仅会分析有代表性的错误，还会关注优秀的学生作业，让这些优秀作业的作者阐述相关想法与思路，并对其点评，然后以此为基础不断完善与修改自己的教学内容和方式，这是学情判断展现出的又一作用，这与分析有代表性的错误所发挥的作用相同。换句话说，就是同时分析学生的对和错。学生在作业和测试中出现的问题要及时被语文教师发现，并以此为基础完善教学，这样才能让学生取得更好的语文学习效果。

（3）强化反思实践能力，包括以下三点。

① 传统的技术性实践。"语文教学法"和"语文教材教法"可以充分体现出向学生传授教学技术才是以往语文教师教育的重点，尤其要注重训练"法"和习得"法"。除了这些，训练"教学技能"也是语文教师在以前职前培养中的重点，教学技能训练体系就是由这些导入、提问、板书和结束课等技能组成。这不是贬低这些技能的重要性，而是表明不能只看其表面。以往语文教师

职前培养的组成不仅包括教学法的学习，还包括教学技能的训练。而这种浮于表面的追求会让语文教师只重视技能，认为一名优秀的语文教师只需要具备这些技能就可以了，培养语文教师的过程受到了技术理性的影响，让学习教学方法和教学技能成为主流，认为只要在教学实践中熟练运用这些技能与方法就可以了，导致很多教师只拥有技能和方法，而不具备深层次思考和及时反思的能力，以至于只是"教书匠"。没有创新能力就是"教书匠"体现出的"匠气"，语文教师只是利用教学技巧向学生传授教材中现成的内容。因此，语文教师这一职业只要求具备技术，长此以往，语文教师就不会主动、积极地进行专业发展，让创新就此与语文教学活动无缘。

② 当代的反思性实践。"反思"和"实践"都是反思性实践中的关键词语。语文教师要善于反思就表明其在教学过程中不能被教育理论的框架束缚住，也不能始终以提高教育教学技能为重点，而应该在教学中及时反思自身行为，反思是什么想法导致了这些行为，只要自己认为有价值就可以反思，而不管正确与否，反思能力就是在反思过程中逐渐提高的。而什么时间反思要根据具体情况而定。可以说，教师通过反思得到的智慧都来自教学实践，教学实践是教师反思的依据。反思不可能脱离教学实践而单独存在。教学和反思后得出的实践经验都为语文教师提供了实践智慧，在反思过程中可以对理论有另一番解读，从而不断得到进步，加快产生实践智慧。

③ 语文教师需反思实践能力。"育人为本""实践取向""终身学习"和"教师是反思性实践者"都是《教师教育课程标准（试行）》对教师教育提出的全新理念，其重新明确了教师的形象，可以说，"反思性实践者"才是教师教育培养教师的方向。因此，"反思实践能力"是教师必须具备的。语文教师也因为语文学科的特殊性而必须具备"反思实践能力"，以下是其原因。

第一，语文教学内容的模糊性与不确定性。相对于其他学科，语文学科较为特殊，它有很多不能被确定的内容，这是语文课程目标具备的特殊性造成的。在课程目标上，它的目标属于"能力目标"，而其他学科的目标则属于"内容目标"。相较于"能力目标"，"内容目标"更为清晰，可以明确教学内容，对教师起着规范作用。但"能力目标"并不会直接引导和规范教学内容，它只对学生的学习效果有要求，不会强调过程。学生结束阶段性学习之后获得的语文素养和能力就是能力目标，语文教师在引导学生实现能力目标的过程中要充分考虑什么样的教学内容最适合出现在课堂上，还有应该怎么教。而在语文课程标准中都没有关于这些的明确要求，因此这部分内容充满了模糊性与不确定性。语文教师即便有高超的教学技巧，也无法面对这些不确定和模糊的教学内容，此时，一些实践活动就可以给予语文教师灵感，这些情境都具备一定的价值，验证的过程可以充分利用直觉和艺术。与此同时，隐喻和留白是中国语言惯用的修辞手法，而涉及这些的教学内容只能够用心去揣摩体会，没法用话语具体地表达出来，说明语文教师面临这些问题时必须使用反思性实践能力。

第二，反思性实践能力是根据语文课程性质对教师提出的要求。语文课程性质可以表述为："综合、实践地运用所学语言文字就是语文课程。"语文课程的关键之处就是其性质，由以前的"工具说"发展到现在的"实践性课程"，基本上就是质的变化，而语文课程的目标、理念、评价和实施也都随着语文课程性质的变化而发生了改变。

实践智慧常伴随着实践活动出现，反之亦然，对经验的反思是实践智慧的主要来源，因此它要求具备一定的反思性判断能力。实践者在思想和行为上达到一致才是真正的实践。教师只有具备了反思性判断能力，才能完成语文课程中涉及的实践性。

研究和探究性学习是语文课程标准提出的新要求，学生的自我学习就是一个不断探究学习、研究学习的过程，这个过程既可以让学生拥有自我思考的能力，也可以让学生提高反思能力。因此，教授学生知识和相应的反思能力都是语文教师要做的工作，其也对语文教师具备的反思能力提出了一定要求。

（二）学生因素

1. 学生是语文学习的主体

教育作为一种促进人发展的活动，其基本的或理想的状态和目标是，作为教育者的教师能够充分地预见并促进学生的发展，这一方面体现教师能够在认识到学生发展规律的基础上，基于学生的现有发展水平设计课堂教学行为；另一方面体现为教师能够充分认识和理解学生的个别差异，设计出适合所有学生的教学活动，以使每个学生都能获得完满的发展。

学生是学习的主体，任何教学方法效果的验证都是要通过学生才能反映出来的。因此，学生的原有基础、智力水平、学习态度、学习方法和学习品格影响着教学质量。学生素质条件是影响教学质量的内在因素。所以，我们无论采取什么方法，都必须以学生为主要对象，以学生对教材的理解能力为主要目的。而要真正做到这些，教师就必须先对学生的实际情况进行了解和掌握。

学生是学习的主人，在新课程改革的环境下，自主、自愿的学习占据着很重要的位置，学生学习的主体性也得到了很好的体现。因此，怎样培养学生的自主学习能力和学习主体意识，成了需要关注的重要问题。语文学科与其他学科有着很大的不同，工具性和人文性的统一也在很大程度上开阔了学生的视野与思维。

提高语文教学质量的决定性因素不在于教师的深讲细导，而在于学生主体性真正的充分发挥。当然，并不是所有处于学习活动中的学生都自然地就具有"主体性"，只有当处于学习过程中的学生具备了参与意识、参与能力，并且能够进行冷静客观的自我评价的时候，学生的主体性才得以充分发挥。要让学生真正成为语文学习的主人，应当做好以下几个方面的工作。

（1）激发主动参与意识，包括以下两点。

① 语文学习目的的再教育。心理学研究表明：动机是直接推动一个人进行活动的内部原因，动机产生于需要。目前，语文学习中学生的主体性不能得到充分发挥，其主要原因是对语文学习的重要性认识不足。为此，应当使学生认识到，在校学习语文的目的在于日后能够独立地解决社会生活中所遇到的各种问题；在于能够灵活而有创造性地运用所学知识、技能、策略和道德规范，成为一个能适应社会需要和为社会做贡献的人。在教学过程中，我们要有意识地创设语文实际运用的各种情境，使学生认识到"语文应用无处不在""语文素养是终身发展和全面发展的基础"，从而激发学生主动参与学习语文的意识，逐步培养学生远大而持久的学习动机。

② 改进语文学习组织和评价方式。兴趣是最好的老师，学生主体性的双翼

只有在兴趣的广阔天空中才能得以充分舒展。在语文学习的过程中，教师应想方设法地改进教学组织形式，创设为学生所喜闻乐见的语文实践活动，促进他们的语文学习实现由知识到能力的迁移，在不断成功的喜悦中逐步形成积极的语文学习态度。让学生走出一味听讲的狭窄模式，在灵活机动的学习方式中兴致勃勃地探求知识。从作为社会一员的生活需要出发，激发他们活学活用语文的强烈愿望，使他们觉得非说不可、非写不可、大胆想、放心说，使语文学习的课堂变成学生放飞思维的空间。

课程评价的目的是促进学生的发展。但长期以来，应试教育的倾向和学业评价标准的误用，致使师生的教与学陷入死气沉沉的境地，严重地扼制了学生学习的主动性、积极性。在教学实践中，要坚决摒弃"以分数论优劣"的片面做法，过程和结果并重，从课堂活动表现、作业完成情况、典型试卷分析、兴趣潜能剖析和自评互评情况等多角度评价学生的进步与不足，想方设法地保护学生学习的主体性，以期待和正面激励的测评方式促进学生健康发展。

（2）培养能动的参与能力。只有"我要学"的参与热情，不足以保证学习主体性的充分发挥，还得使学生逐渐培养能动的参与能力，否则学生只能成为语文学习的旁观者、局外人。学生参与语文学习的能力不同于行为习惯和操作技能，而是一种合乎法则的心智技能，必须通过系统的学习和训练才能逐渐获得。我国心理学家冯忠良教授将心智技能的形成分为三个阶段：①原型定向；②原型操作；③原型内化。

"原型"即语文学习中各种技能的一般规律和方法。在语文学习中，我们可以依次将学生语文学习的心智技能水平划分为四个阶段，或称四个等级：①全依赖阶段；②半依赖阶段；③基本自主阶段；④完全自主阶段。教师应针对不同学生的实际发展水平，客观存在的差异性，在正确估量的基础上，采取与学生发展水平相适应的教法，因材施教，引导学生向高一级水平发展，并在良性循环中逐步提升学生参与语文学习的能力。

（3）建立良好的评价反馈机制，包括以下两点。

① 自我评价。渴望成功、尝试成功进而品尝到成功的喜悦，这一循序渐进的过程必将形成一个良性循环。自我评价的反馈信息，会促使学生以更大的

热情投入新一轮的学习活动之中。例如，作文之后来一段"习作得失自我分析"，阅读之后说一番"自我评估"，书写之后做一个"自评等级"，登台表演之后谈一些"改进体会"……诸如此类的自我评价，不仅极大地增加教学活力，改善学习进程，还能使学生始终处于主角的地位，在课堂这个特殊舞台上尽情地施展才华。

② 教师与同学的评价。心理学研究表明：渴望得到周围人的肯定是人的天性，青少年学生尤其如此。教师、同学鼓励性的评价，对学生主体性的发挥起着举足轻重的积极作用。为此，教师一方面要在尊重学生主动精神的基础上创造良好的教学氛围，让学生的智力潜能得到自由而充分的释放；另一方面要注意在引导中"难而有度"，使学生不断看到自己努力的结果，并不断受到成功的反馈信息的激励。

在教师公平、宽容而客观的评价方式的熏陶下，同学之间的互相评价也十分重要。同学之间相互欣赏，会促进共同进步；如果同学之间互相贬低，很可能造成自我评价标准的迷失，导致前进动力的丧失。因而，教师在引导同学之间互评时，强调帮助同学完善自己，既客观地指出不足，又热情地期待进步，注意语言的分寸和礼貌。

综上所述，学生语文学习的主体性还是很容易体现出来的。教师如果给学生学习留下自由的空间和时间，学生就获得了发展的主动权，就会成为有独立思维的个体，从而主动地去学习。学习也就不再是负担，而会成为一种快乐。无论用什么方法，只要学生学习的兴趣被激发出来，那么学生就会很主动地去思考。一旦学生渴望参与语文学习，逐渐形成了较强的参与能力，并且具备了一定的自评互评技能，语文教学效果势必极大地提升。

2. 学生是语文教学活动的主体

语文课堂教学是要从学生的接受需要与可能来组织教学。学生是教学活动的主体。教学过程以引导学生认识客体、促进学生全面发展为基本任务。教师根据课标要求，引导学生认识客观世界，帮助学生将一定的外在教育内容向自己主体做转化、吸收、创新，形成自己的知识、智慧和能力，获得身心的全面发展。外因是变化的条件，内因是变化的依据，外因通过内因而起作用。学校的一切培养工作均需通过学生自身的努力，转化为学生的知识、素质和能力。学的因素对教学质量的影响，充分体现在学生的学习活动和教学过程中。教学效果最终要通过学生的学习来实现。在教学过程中，学生的学习主动性，学生的思维品质，学习内容的选择，学习方法和手段的运用，学习风气的养成等，直接影响着学生对知识的学习和掌握。

对于语文教学而言，学生学的因素作用的发挥可能要超过其他的高中课程，这是由语文课程的基础性与实践性特征所决定的。在新课程改革背景下，学生作用的发挥更是得到了强调与强化。以语文课程中的阅读教学为例，新课标对语文教学提出了新的要求，它突出了语文本身所具有的人文意义，突出了学生在学习过程中的主体地位，强调了尊重学生在学习过程中的独特体验。因此，发挥学生在阅读教学中的主体性，提高学生对作品的感悟能力尤为重要。在阅读课堂教学中，教师应该设计引导学生对作品产生某些感受、理解、体验的"碰撞"，使学生自然而然地得到情操的陶冶和对作品的感悟。由于学生阅读能力、知识结构等方面的差异，他们对作品的理解也就存在差异，再加上作品本身内涵的多元化特征，所以传统的、单一的或一成不变的教学思维模式已经不能适用。如传统阅读教学中以讲带读的教学方式，实际上剥夺了学生亲身品味、探究阅读作品的权利和机会，这是我们应该加以避免的。

学生作为课堂学习的主体，他们的知识掌握情况如何，每个人在心中都有一定的认识。在教学中，要鼓励学生敢于正视自己的缺点，学会自己评价自己，使学生能更加清楚地认识到自己的优缺点，促使学生向更完善、更完美的方向迈进。学生在上完一节课后，可以通过对形成性练习结果进行反思、总结学习心得，主动地反思自己的学习态度、学习方法、学习投入等。通过对课堂学习过程的自我监控和反思，学生不仅知道自己的优势，也敢于正视自己的不足，促使自己有意识地改进不足。强调学生的自主或自我管理，或自我控制，并不是意味着教师在课堂上就可以放任学生的行为，所有的事情都由学生自主决定，而是强调教师在课堂中成为学生学习的指导者和合作者。教师可以指导学生针对阅读课堂的特点来进行自我评价，通过课堂过程中的自我监控和反思，培养自我反思的能力。

学习是知识时代对人才的基本要求。当代著名的教育家、教学论专家巴班斯基提出教学过程最优化的理论，其主旨是高效能、低消耗，发挥课堂教学的巨大可能性。实施教学过程最优化原则，既有利于减轻学生负担，保证学生个体全面和谐地发展，又有利于促进教师自身素质的提高。作为新时代的教师，应努力使教学过程实现最优化。

激发课堂教学活力，提高课堂教学效率，优化教学过程的方法应该是多种多样的，关键在于根据不同的教学内容及学生自身特长，科学地选择和运用激发课堂教学活力的方法，优化教学过程，并在实践中不断创新。

（三）管理因素

1. 教学质量管理是教学质量的重要保证

在教学质量诸多影响因素中，管理因素是其中至为关键的。管理出质量，管理出效益，要提高学校的教学质量，必须加强和改进教学质量管理工作。这是很多的实践经验反复证明的一条基本道理。

学校管理活动把教、学以及物质条件等要素按照教学目标组合成系统，并协调它们按教学规律有序运转。教学质量目标是否合理，教学秩序是否稳定，资源是否得到充分利用都取决于有效的管理；教、学双方积极性的调动，提高教学质量的精神氛围的营造，在很大程度上也取决于管理。即使是教师队伍的水平，生源素质的高低，也在不同程度上取决于管理。这是因为教师队伍的水平是影响教学质量最重要的条件之一，而教师队伍素质的提高又与对教师的合理选拔和使用，有效的培养、教育和激励是分不开的。生源素质的高低虽然受很多复杂环境因素的影响，但至少也与招生工作的管理把关不无关系。

教学质量的高低并不完全是由管理决定的，不过在一定的教学资源和环境条件下，能否最大限度地提高教学质量，尽可能多地培养出高素质人才则主要取决于管理。所以，教学质量管理是提高教学质量的重要保证。

早期的教学质量管理在内容和方法上相对比较简单、集中，基本做法是实施教学质量检查和控制，这也是较早提出的比较完整的教学质量管理模式。教学质量检查是通过对现实的教学质量状况进行调查分析，与教学目标和教学计划相对照，据此评定教学工作是否达到预定要求。目的在于把握情况，督促落实，从而改进教学工作。

教学质量检查的主要方法：一是平时教学环节的经常性检查。通常由任课教师、各级领导，通过学生平时作业、测验、期中考试、召开学生座谈会以及检查性听课等方式，了解和检查教学内容、进度、方法、效果等，及时解决教学中出现的问题。二是定期的教学检查。在学期期初、期中、期末等时段进行专项检查或全面检查，有重点、有针对性地了解教学情况，解决实际问题。三是组织多种形式的测验。如参加地区性统考或组织全校性统考，并按评分标准评卷，以检查教学质量或组织抽样测验，有针对性地设计考题，以了解某方面的教学问题。四是毕业生质量调查分析。学校通过对某一届或若干届毕业生的质量进行调查分析，对教学质量进行总体调查、综合考察，发现和解决质量问题。

教学质量控制是依据教学质量标准，对影响质量的有关因素进行控制，使教学工作处于最佳状态。教学质量控制的主要措施：一是贯彻执行教学计划、课程标准及上级有关教学工作的指示和条例，严格按照教学规程组织教学。二是对教师、学生、教学条件、教学管理等影响教学质量的主要因素给予控制。三是将社会对人才的要求和学校培养出的学生的实际水平进行参照，从质量反馈信息中寻找差距，对形成和影响教学质量的工作过程进行控制。四是通过教学检查，掌握教学动态，分析教学问题，提出改进措施，使教学质量向预定目标发展。

虽然教学质量检查与质量控制是早期的教学质量管理模式，但这种模式把握了教学质量工作的关键因素和关键环节，是既简便又实用的质量管理方法。长期以来，许多学校采取这种方法进行教学质量管理，取得了较好的效果。有的学校目前仍在使用这种方法，并对这种方法进行发展、完善，如一些学校建立了较完整的教学质量监控体系、教学质量信息反馈体系等，在现代教学质量管理中仍然发挥着重要作用。

教学质量管理迅速发展的另一个重要表现是广泛开展教学质量评价。教学质量评价是现代教育评价的一个重要内容和组成部分。教育评价是指对教育活动及其构成因素进行的价值判断。可以说，自教育评价诞生之日起，就被用作教学质量管理的重要手段，在促进教育教学改革、提高教学质量中发挥着重要作用。

教学质量评价是根据教学质量标准，通过系统地收集信息，采用科学的方法，对教学质量计划落实情况和教学质量效果等做出价值判断与诊断分析，发挥其影响教学质量工作的积极作用，促进教学质量不断提高。教学质量评价具有多种功能：一是导向功能，能够对评价对象的发展方向和目标起到指导调节的作用。二是评定功能，是对这种质量规格标准做出明确的结论，区分优劣程度，进行等级鉴定。三是诊断功能，能够对评价对象存在的问题及其原因做出判断，从而帮助评价对象改进工作。四是督促激励功能，可以对评价对象起监督和促进的作用，能够激发评价对象的积极性和主动性，鼓励评价对象努力进取、积极向上，不断提升教学质量。五是反馈调节功能，通过评价信息的反馈，指导改进教学质量工作，实现对教学质量的反馈控制。

在学校教学质量管理中，需要综合运用各种类型的教学质量评价。从教学质量评价的目的来看，包括鉴定性质量评价、评比性质量评价和检查性质量评价等类型。其中，鉴定性质量评价，如学校开展的课程达标、优质课评审、学业成绩考核等；评比性质量评价，如教师授课评比、学生学习竞赛活动和年终进行的各种评选先进活动等；检查性质量评价，如对教师课堂教学、第二课堂活动、学生学习质量等进行的检查评价等。从教学质量评价的对象层次来看，包括各教学环节教学质量评价、课程教学质量评价和专业教学质量评价。从教学质量评价的组织方法和形式上看，包括个别质量评价、专题质量评价和全面质量评价。从教学质量评价的时机来看，包括平时教学质量评价和定期教学质量评价等。因此，各种类型的教学质量评价形成了一个完整的质量评价体系，在教学质量管理中发挥着重要的导向、促进、控制作用，保证了教学质量的稳定与提高。

2. 教学质量管理是全面系统的管理

教学质量的形成受到教学过程中多种因素的影响，是整个教学工作的综合反映。在组织教学活动时，必须把影响质量形成的多种因素全面地考虑进来。也就是说，教学质量管理是一个全面性、系统性的管理。强调教学质量管理的系统性，必须注重发挥教学行为主体的主观能动作用和教学系统中各组织的功能，提高教学质量意识，使教学质量观念贯穿教学活动的全过程。

（1）语文教学质量管理的特征。管理作为人类一项基本的社会活动，具有广泛的社会性和普遍性。它往往伴随、融合、渗透在人类的一切认识和实践活动之中，起着组织、指挥和控制的作用。语文教学活动是一种最基本的受教育者对语言、文字的认识和实践的活动，因为学生掌握语文知识的渐进性，学生语言积累的缓慢性，学生语感养成的模糊性，所以如何提高语文教学质量，显然有着与一般意义上的教育质量管理相区别的差异。

语文教学管理的内容是很丰富的，就其教学本身而言，有对教师教的管理和对学生学的管理。对教师教的管理有教学目标的管理、教学计划的管理、教案的管理等；对学生学的管理有学习态度的管理、学习行为的管理、学习方法的管理等。就其教学过程而言，有课前准备的管理，课堂施教过程的管理，教学评估的管理，课后复习、拓展延伸的管理等。对于中学语文教学这一特定的认识活动，必须遵循人类积累语言知识、掌握语文技能的规律，研究语文教学的管理艺术。

① 语文教与学管理的一致性。长期以来，由于人们教学观念的偏差，教育者对教学的管理只注重对自己教的管理，确定的目标是教的目标，制订的计划是教的计划，甚至教案也只是注重教师如何演绎教材、如何把教材讲深讲透。可以肯定，这样的管理是偏颇的。有对教的管理，必须也有对学的管理。实际上，对学的管理有很多方面可以加强。有对学生个性特点的管理，这一管理有助于教师因人而异实施教学；有对学生知识储备差异的管理，这一管理有助于教师因材施教，不至于无的放矢；有对学生学习态度的管理，这一管理有助于教师随时进行思想教育，树立学生学习语文的信心；有对学生学习方法的管理，这一管理有助于对学生学习方法的了解、掌握，以利于培养学生更好的学习方法；此外，还有对学生学习时间支配的管理，对学生学习过程的管理；等等。

教师只有对学生学的管理做到了合理、科学，才能做到对教的管理的合理、科学。只有这样，教师确定的教学目标，制订的教学计划，教师课堂教学的设计，教学过程的安排，教师对教材内容的研究，上课时对教材重难点的把握，才能更加切合学生的实际，这样的教学才更有实效。因此，对语文教与学的管理要追求一致性。

② 语文课内与课外管理的统一性。语文学科的性质决定了语文学习的方法，学生想学好语文，仅靠课堂上的时间、课本上的内容是不够的。学生生活经验的积累，生活阅历的丰富，课外阅读的增多，对学生的语文水平都会产生直接的影响，"大语文"观实际上就是基于此而提出来的。因此，对语文教学的管理不能只盯着课堂教学的管理。

当然，课堂教学是语文教学的主阵地，首先要加强管理；而课外的语文学习则是语文教学的广阔天地，教育者也要重视对学生课外语文学习的管理。比如学生观察生活的管理，引导学生写观察笔记，培养提高学生的观察能力；比如学生课外阅读的管理，引导学生多读、多看课外书，扩大学生的阅读面，增强学生的阅读能力；比如学生生活语言积累的管理，引导学生从生活中积累语言，特别是来自平时生活中的成语、谚语、俗语的积累，丰富学生的语汇；比如学生对生活中热点问题思考的管理，指导学生多写日记，记下自己的所思所感，引导学生养成思维的习惯，培养学生对社会热点问题敏锐的洞察力……所有这些都是学生在课堂上难以学到的，而恰恰在这里有着语文知识、技能的丰富的营养，教育者一定要做到语文课内外管理的统一。要以课堂教学管理作为基点，以此向课外管理拓展和延伸。课堂上重视学习方法的指导和研究，课外是学习方法的应用和实践。教育者如果能把课堂内外的语文学习都管理起来，使其相辅相成、相得益彰，如此，学生学习习惯的养成、学习能力的提高、语文能力的增强与语文素养的提高均能落到实处。

③ 语文显性与隐性作业管理的兼容性。有教学就有作业，而语文作业又有别于数理化等其他学科。平时学生所重视的往往是显性的作业，而忽视隐性的作业。因此，教育者迫于无奈，往往也就一味强化布置显性作业了，久而久之，隐性作业也就被忽略了。然而，语文教学恰恰需要重视隐性作业，学生语感的培养、语汇的积累都离不开它。

语文教师在作业管理中要做到显性、隐性作业兼容，把显性作业和隐性作业结合起来布置，教师可以从显性作业中观察学生隐性作业的完成情况。比如要求学生观察生活，布置观察作业，可以同布置观察日记结合起来，通过对观察日记的批改，检查学生观察作业的完成情况；比如要求学生阅读课外书籍，布置课外阅读作业，可以同布置读书笔记、名言名句摘抄、精彩语段摘录等作业结合起来；比如要求学生关心时事政治，关心生活中的热点问题，培养学生思考问题的习惯，培养学生对社会热点问题的敏锐洞察力，可以同布置"每日话题""每日一记"等作业结合起来。总之，把显性作业和隐性作业结合起来，学生就能在完成隐性作业的前提下完成显性作业，教师对作业的管理也就有形可抓。实际上显性作业只是手段，而养成学生完成隐性作业的习惯才是目的。长期坚持，使之成为学生自觉的行为，到时作业管理也就不"管"自"理"了。语文教学的管理也是同样的道理，"管是为了不管"，只有这样，才能达到质量管理的目的。

④ 语文学习个体管理的差异性。每个社会成员的个性是有差异的，语文学习的集体中每一个体的个性也是有差异的。其差异表现为心理特点有差异、知识储备有差异、生活经验有差异、运用语言的能力有差异，面对这样一个有众多差异的群体，采用目标、要求都整齐划一的管理方式进行管理，注定是片面的。

语文教育工作者在语文学习个体管理的过程中必须体现差异性。所谓语文学习个体管理的差异性，就是指语文学习的管理，对不同的个体要有不同的目标指向，不同的方法指导，不同深度、难度的规定。在管理过程中要遵循以下原则。

第一，层次性原则。教师布置的作业，提出的管理措施都要有一个梯度，无论是量的规定还是难度的设计，深度的安排都必须有梯度，让每一个成员都能找到自己接受管理的位置，找到自己学习的起点与归宿，进而自觉地规范自己的学习行为。

第二，灵活多变原则。由于受教育者各种差异性的存在，教师在管理中，方法不能死板单一，因为不可能有一种万能的管理措施可以适用不同特点的学生，所以教师的方法要灵活多变，以适应不同的学生。

第三，弹性原则。语文学习不同于其他学科的学习，在很大程度上依赖于平时的积累，积累得越多，语文知识越丰富，语文技能越强，语文素养越高。而学生的积累又建立在自己的知识储备和语文技能的基础上，同样的一篇文章，不同的人阅读之后，习得的东西肯定不同。因此，教师在管理过程中要注意留有一定的余地，让学生能根据自己的实际充分吸收知识和养成技能。

（2）语文教学质量管理的内容。语文教学质量管理是一项系统工程，在工作过程中，只有多管齐下，方能整体推进语文教学质量稳步提高。

① 校本教研建设。课程改革的成败关键在教师，只有教师切实转变教育教学行为，提高自身的业务水平，课程改革才会顺利实施。语文教学管理者必须做到以校本教研工作为关键，提高全体语文教师的素质。

第一，教研活动日常化。学校要确保教研活动制度化、日程化，确保活动正常有序顺利开展。

第二，教研内容多样化。为了有效地发挥教研活动的作用，管理者应该结合本校实际，因地制宜地开展内容形式丰富多彩的教研活动，如说课观摩、课堂教学观摩与专题理论学习等。

② 管理机制建设。

第一，组长责任制。教研组长是教研组的核心，管理者要充分了解全校语文教师的个性特长、教学能力，委派心胸宽广、业务精良，有研究组织能力的教师担任教研组长，充分发挥组长的先锋模范作用。

第二，公开教学制。抓住公开课的目的，一方面促使教师深入备课，努力提高教师的素质；另一方面促使教师之间互研互学，强化教研的意识。

第三，教师培育制。语文教学的质量，相当程度取决于教师的质量，所以，教师的培育，尤其是结构合理的教师队伍的形成，在学校管理中居于相当重要的地位。学校与教研组应该建立正常的教师培育机制与制度，才能确保教师队伍的健康发展。

③ 学科文化建设。是否有特色是一门学科、一所学校成功与否的重要标志，语文作为一门交际性很强的综合性学科，有着其自身独特的文化气息，因此，在校园内创设浓厚的语文学科的文化氛围，是促使语文教师教学质量提升的一个有力的辅助。

第一，在语文主题活动中求创新。语文主题活动是指以尊重人的主体性为前提，以活动为核心，以语言交往为中介，为获取直接经验和最新信息，进而提高语文素质、健全个性品格而设计的一种课程活动。它不同于以往的学科课程和课外活动，相比较而言，它更注重实践性和专题化。

第二，在语文教学科研中求发展。当前的语文课程改革是一场深刻的学科革命，从课程目标到教学任务、从课程资源到教学方式、从知识内容到学习工具、从学习领域到评价目标，在几乎与课堂有关的所有维度，都有新知识产生。这些新的诉求，一方面向语文教师的专业素质能力发出了挑战，为语文教师的专业成长（专业转型）提供了契机；另一方面向语文教师提出了诸多教学科研命题。在新的课程形态下，语文教师通过对新课程教学科研的实际操作，在激励和促进自我专业成长的同时，适应新课程的职业要求，应有所作为。

（3）实施教学质量管理的原则。制定和实施教学质量管理制度是一项十分严肃而细致的工作。尤其教学质量管理制度内容复杂、影响面宽，对开展教学活动具有非常重要的作用。因此，制定和实施教学质量管理制度，应遵循教学质量管理的规律性要求，按科学的方法办事。制定教学质量管理制度，主要应遵循以下原则。

① 政策性原则。质量管理制度对质量活动具有法规的约束力，必须具有很强的政策性。从某种意义上说，政策性就是质量管理制度的核心。所以，学校制定教学质量管理制度，要以上级教育方针、政策和质量建设思想为根本指导，以教学质量保证的基本要求为依据，要符合上级有关法规、条例的统一要求，在原则问题上不得背离或违反上级的规定和指示，确保制度的法规权威性。

② 实践性原则。教学质量管理制度来源于教学质量实践，并要付诸实践运行。因此，教学质量实践需要是制定质量管理制度的基本依据，制定教学质量管理制度必须遵循实践性原则。学校制定教学质量管理制度，要从实际出发，实事求是，制定出切实可行的制度，不能把制度搞成脱离实际的花架子。制度初步制定后，要经过实践不断检验，在实践中完善。

③ 教育性原则。教学质量管理制度不仅有规范的作用，而且是一种教育激

励手段，应具有教育导向作用。因此，制定教学质量管理制度应坚持教育性原则。学校制定教学质量管理制度，要以质量管理学、教育学、心理学等科学理论为依据，通过制度实现对质量活动中人员的心理调控，要把制度与执行者的责、权、利相联系，使制度充满生机和活力，激励和鞭策执行者不断改进与提高教学质量。

第二节　高中语文教学质量目标的设定

一、高中语文教学质量目标设定内容

为确保教学的顺利开展与教学质量的提升，每所学校都应该制定自己的教学质量方针和目标，以此作为每个教职员工的行动指南和学校评价的依据。如果说教学质量方针是学校总方针的重要组成部分，是学校在教学质量方面的宗旨和方向，是学校全体教职工必须遵守的行为准则和行动纲领，那么教学目标则是对教学质量方针的具体阐述与演绎。而要设定教学质量目标，必须首先明确教学质量的内涵与组成要素。当然，必须指出的是，从不同的维度来考察，教学质量有着迥然不同的内涵。相应地，教学质量目标也应该从不同的侧面来加以设定。

学校的教学质量包含三个构成要素：结果质量、过程质量和条件质量。那么，教学质量目标也就相应地包括结果质量目标、过程质量目标和条件质量目标三个方面。

（一）结果质量要素设定

在所有的质量要素中，质量要素最受广大教育工作者看重。尽管语文课程标准反复强调要重视学生的学习过程，但实际上多数语文教师的目光始终放在各种结果指标上。从某种意义上说，结果质量成为教师的身份标志，也是教师自我认同、自我实现的重要条件。

结果质量是一种基于终端性评价的指标体系，在服务领域，结果质量又称技术质量，是指服务结果或产出质量，即在服务交易或服务过程结束后顾客的

"所得"（即得到的实质内容）。对于语文教学而言，结果质量显然不是一般性的商业服务，学生所获得的也不是有形的商品，而是精神产品——知识与能力。这种精神产品的质量水平往往是通过考试的形式加以区别，并以可比的数字形式（分数）得到体现的。另外，外界的评价自然会影响到语文教师的心态与价值取向，因此，语文教师自然也会相应地注重结果质量。但一旦结果质量只局限在分数、升学率，也就不可避免地形成应试教育的倾向。

（二）过程质量要素设定

所谓过程就是将输入转化为输出的一组彼此相关的资源和活动。在服务领域，过程质量又称职能质量，是指顾客是如何接受或得到服务的。教学有其特殊性，从学校整个教学工作的角度来看，教学包括教学计划的制订，教学计划的实施——按计划进行各科教学，督促和检查教学，教学结果的处理等环节。从教师和学生的课堂教学来看，包括授课计划的制订、教师备课和学生预习、课堂的教与学、学生做作业与教师指导作业、学生学习成果的汇报和教师对学生成绩的检查与评定。从教师教的角度来看，包括授课计划的制订、备课、上课、留作业、辅导答疑、批改作业、作业讲评等。从学生学的角度来看，包括自订学习计划、预习、听讲、参与课堂活动、复习并提出疑问、做作业、交作业、改作业等。如果给语文教学的过程质量下个定义，那就是教师在整个教学过程中，以科学文化信息传递、听说读写能力指导、思想情操陶冶为核心的一系列活动质量。

根据教学论的理论，教学是各种不同要素的结合体，其主要要素有教师、学生、课程、教学方法、教学环境和教学反馈等。这些要素以不同的性质和方式进行结合，其教学质量也就相应地呈现出种种差异。教学实施与评价时，必须综合考虑这些复杂因素。同样，从教学行为主体角度而言，教学质量是由教师的教学（工作）质量（也称教授质量）、学生的学习质量和教学管理者的管理质量组成的。上述各种因素不是平行的，而是有主次之分，其中教的过程质量和学的过程质量是教学质量系统的主要因素。而我们通常所说的教学过程质量又主要体现为教师教的质量。

（三）条件质量要素设定

条件质量并不是教学质量中的关键要素，属于教学质量系统的外部要件，但却是不可或缺的。教学的条件质量是指实现教学过程、顺利完成教学任务的外部因子，包括校园与教室环境、教学设施与设备、办学传统与教学氛围等。例如，课程标准中提出的语文教学资源，其实就属于条件质量范畴。条件质量的重要性，只要比较一下城乡教育的差距就可略见一斑。

当然，条件质量虽然属于硬件，但同样的条件在不同的人手里也会产生质量的变化，这就是处在同一所学校，使用同样的教学设施，但教学效果却迥异的原因。但我们绝不能因为条件质量受制于教师而忽略其自身的重要性。调查表明，总体而言，条件质量越高的学校，其教师的教学过程质量与结果质量也越高，它们之间呈正相关。

对于语文教师来说，条件质量是可以自己来改变或创造的，语文的外延与生活的外延相等，这意味着留意生活皆语文，意味着教师必须把生活之活水引入课堂，确保教学的条件质量处于优化的状态。

总体而言，语文教学质量受多种因素的影响，特别是学生原有知识水平、学习态度、学习方法等因素。当然，高中生的语文学习活动，尤其是课堂上的活动，主要是在教师的启发下，按照教师的教学要求、教学方案、教学目标有序进行的。所以一定程度上而言，学生愿不愿学语文，会不会欣赏，是否擅长写作，语文素养怎么样，很大程度上是取决于语文教师的"教"的。

同样，"语文教学过程质量"也不仅指师生之间合作完成教学任务的过程，还包括教师对大纲、课标的理解程度，对教材的合理把握，对教学内容的精选与组织，对教学方法的选择与利用，对教学手段的综合运用，以及与学生进行情感交流渠道的沟通等方面。它不仅受到教师的素质、工作态度、情感的影响，还受到教学对象、教学环境、教学条件等各种因素的影响与制约。所以，要客观地评价语文教师的教学质量，不能只评价最后的结果，还要评价整个教学过程以及教师自身的素质与能力。因此，评价后者显得更为重要。

二、高中语文教学质量目标设定原则

设定教学质量目标，对于语文教学活动的顺利开展与实施，确保语文教学的成效，都有着至关重要的影响，甚至关系到语文教学的成败。在设定教学质量目标的过程中，必须遵循一定的原则，这些原则是各种课程教学质量目标制定的共通性原则，在具体落实时也要体现高中语文课程的特殊个性。

（一）科学性原则

每一个教学组织实施者与教学管理者都必须明确，课程目标是总目标，教学目标是一种具体的课程目标，课程目标、教学目标共同影响着甚至决定着教学质量目标。

（1）教学质量目标要以课程目标的具体化为前提。

教学质量目标是对教学活动的最直接的价值判断，它是具体可操作的，这就要求教学质量目标是具体化的，且具有层次性。然而，教学质量目标间接地受课程目标决定，教学目标又决定着教学内容、教学方法，作为教学结果的目标化体现的教学质量目标，同样也受教学目标的影响。教学质量目标的具体化相应地要求教学目标的具体化，当然也包括课程目标的具体化。然而目前，课程标准里的课程目标体系多以原则性和模糊性要求为主，这就给教学质量目标的具体化带来了很多难题。所以，课程目标的进一步具体化研究与教学质量目标的具体化研究应该同步。

（2）课程目标应是教学质量目标制定的一种取向。

之所以说课程目标是教学质量目标制定的一种取向，首先是两者并不在同一个层面；其次是有其他因素影响着教学质量目标的研制。此外，还有成绩取向、过程取向、方法取向、能力取向等，比如目前的高考，从某种程度上说，就是一种成绩取向的评价，是一种注重结果的评价。就高中语文教学而言，必须以《普通高中语文课程标准（2017年版2020年修订）》（以下简称《课程标准》）中的高中语文教学质量目标作为教学活动的准绳，严格依循《课程标准》中的课程目标与评价目标来进行操作。在设定质量目标时，必须以《课程标准》要求为确定质量目标的依据，同时注意将相关的精神与要求落实到质量目标当中去。

（二）过程与结果相统一原则

对评价对象进行整体的、全方位的、动态的评价，而不是只看重对结果的评价，这是现代教育评价的一个基本原则。所以，教学质量评价的对象绝不是单一的结果，而应该是教学过程及其结果，即教和学相统一的全部活动过程及所产生的各方面的结果。结果来自过程，从过程入手实施评价，可以更有效地促进理想结果的产生。那种把教学与评价视为两回事的观点也是不正确的，同样，那种认为只评价学生学习质量或只评价教师课堂授课质量即可完成教学质量评价的观点也是片面的，在实践过程中都是有害的。

具体而言，教学质量评价具有多重功能，我们应该视"促进教学质量的不断提高"为其首要功能；评价的重心应更多地放在过程的形成上。当然，针对不同的实际需求，评价的功能与作用可以有所偏重，不必拘泥。教学质量评价的内容、标准和指标，在相当程度上左右着教师和学生努力的方向，教与学的方式方法对教学工作产生明显的导向和制约作用。

综上所述，教学质量评价在教学过程中发挥着重要作用，已成为系统教学活动的重要环节和有机组成部分。但其自身的质量和水平也必须不断提高；没有充分发挥积极作用的教学质量评价不但无益于教学质量的提高，还会造成有害的影响，这一点应该引起我们足够的关注。

三、高中语文教学质量目标设定方法

（一）课堂教学目标的设定

教学目标是指一节课"教"与"学"活动的直接目的，就是教师在完成一节课的课堂教学之后，学生在认识、情感、操作技能方面所发生的行为变化的期望。对于教学目标，不仅要在教案中确定，更重要的是应该在教学中体现出来。

具体而言，教学目标明确恰当是指教师必须对授课的教学内容有正确的、清晰的、确定的认识，对各个与教学内容相联系的学生的行为变化的状况能够准确、严谨地叙述，并采取相应的教学手段予以实现。教师制定的教学目标应紧扣《课程标准》（教学大纲），体现教材的目的与要求，既切合学生的生理、心理特点，又切合学生的实际。相应的语言表述为：通过……知识的学习，使学生了解到（学会了）……等。

（二）教材处理的方法

教材处理是教师对教材的书面文字进行加工、转化，使之成为课堂教学内容的创造性行为，要求教师挖掘教材的知识、能力、思想、方法、观点等多种因素，合理地组织和安排教学内容，设计教学程序和布局，将知识的系统结构与学生的认知能力结构协调结合，为驾驭课堂教学的全过程奠定基础，具体要求如下。

（1）传授新知识的基础扎实、可靠。优化教学环境、创设学习情境，为讲授新内容提供足够的认识、情感、操作前提，并及时弥补学生的知识缺陷。

（2）讲授内容科学、严谨、无错、无漏，思想教育寓于教学之中。能够准确地表达概念、过程、命题等知识；推理过程以及解决问题步骤合理规范、逻辑性强；讲授内容系统完整、无缺陷、无遗漏；能够体现教学内容的思想性和教育性。

（3）突出重点、突破难点。通过分析教材，准确确定教学难点，围绕重点知识组织教学；通过了解学生，准确确定教学难点，能够分散难点，积极调动各相关因素为解决难点进行铺垫，实现难点突破。

（4）传授知识与培养能力相结合。

（5）展现学科思维过程，重视学科思想方法的训练。

（三）教学方法的实施

教学方法是为了实现教学目标，教师和学生在教学过程中所采用的方式组成的方法体系，既包括教的方法，又包括学的方法。教学方法的运用，有如下要求。

（1）因课制宜，选用教学方法。首先，选用的教学方法要适合学生的生理、心理特点和实际水平，适合教材的主次难易程度和教学内容的特点；其次，要为教学目标服务，服从教学原则。

（2）重视调动学生学习的积极性和主动性，正确处理"教"与"学"的关系：包括调动学生的学习兴趣，培养学生追求新知识、获取新知识的精神；启发引导学生学会思考、学会学习、学会生存；教师不得包办代替。

（3）面向全体学生，注意课堂信息反馈和矫正。引导大多数学生达到教学目标；关心学习有困难的学生，帮助其克服困难，树立信心；随时了解学生对知识的学习情况，及时纠正学生错误；因材施教，分类指导。

（四）教师教学能力的提升

（1）积极主动，热情亲切，能够灵活驾驭课堂。责任心强，有敬业精神；精神饱满，精力充沛；教态自然、举止大方；仪表端正、和蔼可亲；治学严谨，既循循善诱，又一丝不苟；知识扎实、经验丰富，应变能力强；具有敏锐、准确的观察力，能够根据各种反馈信息（眼神、表情、动作等）来判断学生对所学知识的理解和掌握情况，及时调控，获得最佳教学效果；运用教学机智，处理偶然突发事件。

（2）语言清晰、流畅、简练、准确。表达能力强，能够准确、熟练地运用普通话，避免方言、土语等不规范表达；语速、音量适中；语调抑扬顿挫，有节奏感和感染力。

（3）板书工整、设计合理。书写、作图规范，字迹清楚，示范性强；内容详略得当，条理清晰；版面安排合理。

（五）教学效果的烘托

（1）课堂气氛活跃和谐，学生注意力集中。师生情感交融，配合默契；学生认真听讲，思维始终处于积极状态；学生积极回答问题，进行各种操作；课堂纪律良好，活跃而有序。

（2）目标达成度高。学生口答和笔练的正确率高；学习有困难的学生对当堂问题能够初步解决，大多数学生能当堂达标。

第三节　高中语文教学质量评价的影响因素

一、语文教学质量评价的内涵

（一）语文教学质量评价的概念界定

1. 教学质量与语文教学质量

　　教学质量就是教学结果、学生的素质发展水平与课程、专业、培养目标和规格相符的程度。从短期来看，教学质量是学生某一阶段的学习为下一阶段的学习所做准备的充分程度，是某门课程的学习为下一门或几门相关课程的学习所做准备的充分程度；从长期来看，教学质量是学生通过一阶段某些课程内容的学习，是否潜移默化地改变自己的思维方式，是否提高对客观事物的解析能力，是否完成个性的陶冶，这一点比知识的记忆和掌握更重要。同理，语文教学质量是对语文教学本质的认识和认识形式的总的观念体系；而语文教学的本质也不同于数学、物理、化学等其他学科，它不仅包括对语文基本知识的教学，也包括对诸多为人处世原则的教导。可见，我们要有一个更加宏观、更加广阔的语文教学质量观。

2. 语文教学质量评价

　　以怎样的标准评价教学质量，这是一个对教学方法、教学方针乃至教学方向有着决定性影响的重大问题。长期以来，语文教学往往以考试分数作为衡量教学质量的唯一标准，在教学中重理论轻实践，重说教轻训练，也迫使学生在学习中重死记硬背而忽视对知识的真正理解和掌握，更谈不上素养的提升了。

　　语文教学质量评价，对教师而言，不能单一地以教师的教育教学效果以及教育科研等成就进行评定，还要根据语文教师的思想政治水平、职业道德、语文专业素质及工作职责等多方面加以综合评价；对学生而言，也不能单纯地以知识记忆量的多少来衡量，还要根据学生的学习态度、学习能力、创造思维能力的发展水平、思想道德素质等加以全面衡量。这样才有可能形成一个较为科学的语文教学质量评价结果。

当前，语文应试教育正在向素质教育转轨，并已成为语文教育改革的主流。语文素质教育的观念日益深入人心，语文应试教育的弊端也逐渐得到了揭露和批判。但在否定语文应试教育的同时，也产生了把语文应试教育的弊端一概归咎语文教学质量评价的误区，似乎进行教学质量评价就是在进行应试教育，其实这是对语文教学质量评价的最大误解。语文教学质量评价本身是一个全面综合的过程，它不仅仅以学生的考试成绩为依据，如前所述，语文教学质量评价涉及语文素养的方方面面，科学合理的语文教学质量评价应当是对语文素质教育的有力推动。没有科学的语文教学质量评价，就不可能有语文素质教育的真正落实与发展。

（二）教学质量评价的类型划分

教学质量评价的对象是整个教育过程及其结果。根据教学论的相关理论，"教学"是诸要素的结合体，其主要要素有教师、学生、课程（教学内容）、教学方法、教学环境（包括物质的和精神的）、教学反馈等。这些要素以各自不同的方式决定着教学的质量，因而都是教学评价必须考虑的因素。按照评价侧重点的差异，这些要素可以归纳为三个方面：教师教学质量的评价、学生学习质量的评价与教学环境条件的评价。这三者既相互联系，又具有各自的评价重点和目的。

教师教学质量的评价，以教师及其教学活动为主要评价对象，突出了对教学活动教的方面的评价，评价时以课堂教学质量评价为重心，同时兼顾其他方面。其根本目的在于促进教师树立正确的教学理念，采取严谨的教学态度，实施科学的教学方法，以期取得更好的教学效果。做好评价工作，能帮助任课教师正确认识自己的教学能力和教学水平，以充分发挥自身的优势，不断改进教学内容和教学方法，为进一步提高授课质量提供比较准确的信息。在激发教师教学积极性的同时，对学校形成重视教学、重视教师的风气也会产生推动作用。

学生学习质量的评价，以学生及其学习活动为主要评价对象，突出的是教学活动学的方面的评价。评价的目的不仅在于证明学生学习成绩的提高与否，更重要的是对学生的学习过程进行评价，从而促进学生对自我发展有较为客观清醒的认识，以便在日常学习中，根据自己的不足采取相应的对策，进而促进学生自我健康全面地发展。当然，也可以同时将全面评价的结果作为等级评定、升留级、毕业证书颁发等教育决策的依据。

教学环境条件的评价，以学生的学习和教师的教授所依托的诸多客观环境为主要评价对象，突出的是教学活动影响因素方面的评价。它反映了现代测量评价理论中的生态测评观念，即把评价对象置于其存在环境中予以考察，并对直接影响评价对象的环境因素予以测量和评价。教学活动离不开具体的环境因素，对环境条件进行评价，有利于环境的不断完善，使之更适合教学活动的开展，从而促进教学效益与教学质量的提高。

（三）教学质量评价的基本原则

1. 全面性原则

现代教育评价的一个基本原则，是对评价对象进行整体、动态、全方位的评价（即教和学相统一的全部活动过程及所产生的各方面结果的全面评价），而非仅指对结果的评价。在评价过程中，要体现全面监控思想，坚持评价人员构成的全面性、评价指标的全面性、评价过程的全面性，使评价结果全面、系统并具有可信度。

2. 标准化原则

标准化的课程评价体系是对教师教学进行标准化评价的重要标准，而标准化的课程建设是衡量教师教学质量的基本前提和重要参照。在教育教学评价中坚持标准化原则，就是要注意区分和平衡不同客体、不同学科之间的评价结果，以确保评价结果的可信度，同时要将公平、公正、公开的基本原则贯穿评价过程始终，以确保评价结果的可接受性。

3. 定性与定量评价相结合原则

影响教学质量的因素有很多，若按照是否可以用数据和指标进行衡量，大致可以分为可被量化和不可被量化两大类。因此，为确保对教师教学进行公平、客观的评价，就需要在制定监控和评价具体指标时始终贯彻定性与定量相结合、精确量化与模糊量化相补充的基本原则。

4. 教学过程最优化原则

所谓最优化教学，其本质其实是教学效率标准，也就是以尽可能少的投入成本换取尽可能多的产出和回报，它包括两种标准：一是效果质量标准；二是时间、精力支出标准。通常来讲，提高教学效率的唯一途径就是压缩时间成本、精力成本等，来换取教学效益的整体提升。脱离投入标准和效益标准任何一项，都无法得出最客观、公正的教学过程质量评价结果。而好的教学一定是投入最少的时间和精力，却收获预期的教学目标。除此之外，好的教学还应该建立在符合教学要求，不增加学生学习负担的基础上。

5. 可行性原则

理解可行性原则，要首先明确一个概念——评价指标。评价指标是指用来衡量某个事物价值的维度，同时这些维度往往能表示该事物的基本属性和具体特征。而评价指标体系之所以需要具备可行性，是因为要用可操作的指标加以定义，以便透过其内容得出明确的结论。至于那些不可被直接评价的因素，也需要对其进行可被评价的、具体指标的转变，以实现抽象评价目标具体化的效果。

6. 简易性原则

评价的简易性，即评价体系主干清晰，程序简化，易于操作，易于实施。在运行过程中，整个评价流程清晰、操作简便，将有效保证评价工作的顺利进行。

7. 细致沟通与服务原则

注重过程评价中与评价对象的细致沟通，及时发现问题、解决问题、服务对象、为对象提供各种有利条件。为了做到"未雨绸缪"，在日常教学工作中，教学部门应加强教学的常规检查，日常教学的细致管理和沟通可搭建与对象进行细致沟通并服务对象的平台，为评价工作的顺利开展奠定良好的基础。

8. 尊重学科特点的原则

语文学科究竟有哪些特点，说法不尽一致。但是，诸如语言文字训练与思想教育的辩证统一、发展语言与发展思维的辩证统一，以及教学要求可深可浅，具有一定程度的不确定性等特点，似乎已获得公认。语文学科的这些特点给教学质量评价带来了一定的难度，但是教学质量评价却不能绕过它，而必须尊重它、突出它。要充分注意两个"辩证统一"，并力求把不确定性带来的主观随意性降到最低限度。

（四）语文教学质量评价的功能

1. 语文教学质量评价的一般功能

教学离不开质量评价，教学内容与评价内容、教学方法与评价方法，总是互为因果、紧密联系的。因此，教学质量评价在整个中学语文教学质量评价中具有十分重要的功能，具体表现在以下几个方面。

（1）检测功能。对教学效果进行测量、评定，是教学评价的基本职能之一，检测功能是其他功能的基础。任何教学评价都是依据测定的结果进行综合分析得出来的，只有采用观察、测量、考试、考查、作品分析、调查等多种方法进行多方面的测评，才能确保测评的可靠，从而为制订教学计划、选择教学内容、确定教学方法、检查鉴定学生的学习成果、评定教师教学效果及评价学校的办学质量提供可靠的依据。同时，教学评价的检测功能还要求针对教师和学生的教学态度、能力、个性及其适应性、创造性等较难量化的内容，进行全面的、科学的检测，以便了解教学状况。

（2）导向功能。教学评价以一定的教学目标为依据，通过教学评价中强化教学目标的导向功能，使评价对象的思想和行为不断地向评价标准靠拢。教学评价的基本依据，首先在于国家的教育方针，课程计划规定的学校培养目标，各科课程标准规定的教学目的、任务、内容，这些是通过教师的教和学生的学得以实现的。根据这些标准，评定教师和学生的活动是否偏离了正确的教学轨道，是否偏离了现行的教育方针和教学目标，有无全面完成各科教学大纲规定的相关要求和任务，以此促进教学活动朝着正确的方向发展。

（3）激励功能。对于教学过程而言，教学评价可以对其起到有效监督的作用；对于教师和学生而言，教学评价是对教师教学效果和学生学习效果的直接反映，因此可以促进与强化教师教学和学生学习。通常来讲，评价分为两种，正面评价可以使师生的学习兴趣和工作热情得到激发，进而使其积极性和主动性得到最大限度的发挥；而负面评价虽然可以让师生明确自身的不足和缺陷，清楚地认识到与他人之间的差距和问题，进而对症下药，进行针对性解决，但是它同时有可能让师生陷入焦虑和恐慌的状态中，适度的焦虑和恐慌可以使学生萌生积极进取的动力，但焦虑过度则会影响师生的能动性，甚至陷入自我怀疑的境遇，最终使学习效果大打折扣。所以，在实施评价时必须把握好分寸。

（4）管理功能。教学评价结果往往可以成为教育组织管理者改进工作的数据来源，同时在教学工作实施目标管理、质量管理中占据着重要地位，这与现代社会"向管理要质量"的要求不谋而合。对于实现教学工作目标、衡量教学质量水平而言，教学评价发挥着重要作用，这主要在于教学评价在一定程度上可以暴露教学的薄弱环节，真实地反映教学目标进展及课程标准的实施情况，从而精准掌握教师的教学态度、教学能力、教学改革与创新等，为提高教学质量、改善教学管理的策略调整提供可靠的数据支持。

（5）反馈、调节功能。信息论认为，教学是一个综合性过程，包括信息输入、转换、输出、反馈、调节等一系列环节。其中，反馈与调节既是教学评价的重要组成部分，又是教学评价的目的，即教学评价其实反馈的是教师所需的教学状况有效信息，而以这些信息为基础，教师可以针对教学设计做出及时调整；对于学生来讲，教学评价反馈的是自身的学习效果、与他人的差距及造成差距的原因，可以引发学生的自省，从而调整学习态度、学习方法等。通过这种信息的反馈调节机制，可以有效改善教学效果。

（6）研究功能。教学评价对收集到的资料，往往会采用科学的测量方法和分析方法对其进行整理，进而以书面形式呈现出来。因此，从本质上讲，教学评价同样是一场科学研讨活动。除此之外，作为教育教学研究的一个重要构成，教学评价还承载着检验课程与教材改革，以及教学方法改进是否取得预期效果的重要功能，所以，教学评价在提高教学改革和教育科学研究成果方面有着重要的现实意义。

2. 语文教学质量评价的独特功能

语文教学质量评价除了上述各学科所共有的功能外，还有着独特的学科特点。

（1）促进听、说、读、写全面发展。传统的语文教学偏向于对读、写的检测，学生的语文成绩往往取决于学生的读、写成绩，这种片面的质量评价直接带来的后果就是语文应试教育的盛行，学生语文综合能力的发展受到严重的抑制。建立科学合理的语文教学质量评价体系，开展全面的语文教学质量评价，会促进师生对语文听、说能力等方面的学习与培养予以应有的重视，使学生的语文能力平衡发展，从而全面提高语文素质。

（2）发展学生的多元解读能力。传统语文教学往往要求学生能够按照教师的要求去思考，寻找阅读唯一的或者说教师预设的解答，从而束缚了学生语文素质的提升。重视语文教学质量评价，修正传统落后的评价指标与方式，从而最大限度地鼓励学生在语文学习中充分发挥潜能，发展个性。其中，突破唯一的阅读指向，实现多元解读成为新的评价要求。只要学生读出自己的感受，获得独特的体验，能够正确表明自己的观点，都有可能获得较高的评价。

（3）发挥学生的想象能力。传统的语文教学要求是不需要学生自己的思想，也不需要学生的想象，机械阅读、解题成为主要特征，学生通过语文学习除了掌握不太实用的语文知识之外，其他就一无所有，甚至原有的想象能力也被严重束缚了。新的评价体系的建立，不但让学生自主地阅读、自由地思考，更让学生充分发挥自己的想象能力。无论是阅读还是写作，学生都可做到天马行空，尽情发挥想象力。

综上所述，我们希望通过开展合理科学的语文教学评价，促使语文教师提高自身素质，把语文素质教育作为自觉行动。同时，促进教师语文整体修养的提高和教学水平的提升，并以科研的思维去认识课堂、认识语文、认识学生、认识自我。在课堂教学中对自我评价有正确的定位，对学生的学习评价到位，从而使语文教学走出高耗低效的误区。

二、教师评价素养对语文教学质量评价的影响

（一）教师评价素养的内容

教师评价素养是指教师个体或群体在现代教育评价理论的指导下，以评价的知识与技能为基础，在教育、教学实践中不断增强教师设计与实施评价活

动的技能，提升在评价意识、评价思考、评价交流、评价应用以及评价人文精神等方面的认识水平，理解教育评价活动的价值的内在修养或品质。以上表述包含三层含义：首先，教师既需要有外部评价的专业素养（尤其是对外部评价结果的理解、解释和运用），更需要课堂教学层面评价的专业素养。其次，教师的评价素养并不是基于心理测量学之评价素养，而是关于教育评价的专业素养。一般而言，心理测量学期望测量个体具有稳定的心理品质，而教育评价则希望有效地促进个体的学习。最后，教师的评价素养是一种内化于教师日常评价行为之中的、无须教师有意识地加以监控的心理品质。

其实，教师的评价素养主要由两个方面构成：第一，评价知识与技能，即具有适应日常教育、教学生活所必需的评价方面的知识与技能；第二，包括评价意识、评价应用、评价交流以及评价人文精神等方面的内容。

1. 评价知识与技能

评价知识与技能的掌握对教师专业评价素养的生成和发展有密切的联系，它既奠定了评价素养其他方面生成的基础，又为其实现提供了条件保障，即若一名教师评价知识匮乏，则其评价素养往往处于有待提升的阶段。同时，也正是因为评价知识与技能在教师专业评价素养中的基础性地位，决定了其形成需要经过教育教学活动的长时间积累和更新，才能推动素养主体高层次思维与智慧的迸发，才能突破传统教育学科的知识范畴，形成专业性评价素养。

2. 评价意识

评价意识是教师在思考和处理教育评价问题时，对评价价值以及如何实施评价等问题的基本认识，是教师对实然评价的反映和对应然评价的追索。换言之，评价意识是教师在对评价目标及内容的感知性和选择性、评价实施的个性化和自觉性、评价解释的理解性和应用性、评价意义的反思性和生成性等各个方面的综合整体反映。教师评价意识涵盖两大基本要素：教育信念和教育智慧。

3. 评价应用

现代教育评价活动的最终目的在于以评价形式为突破口，对这个过程中被评价者暴露出来的问题有精准的把握，进而可以采取有效方法帮助被评价者进行自我行为的改善，以实现发展目标，进而产生新的发展目标，从而为推动被评价者实现螺旋式成长以及人格的全面提升提供环境保障。推动被评价者个性发展和人生价值实现是现代教育评价活动的根本宗旨，因此要基于事实判断，积极引导被评价者价值观和发展的养成，使评价者与被评价者都能受益。

4. 评价交流

得到结果、基于结果进行改进是评价最重要的方向，即教育评价要实现的根本目的是使评价对象实现个人发展。这就对评价主体在评价过程中的态度和行为提出了更高的要求，既要动态把握教育活动中的各种现象，又要对其进行科学的判断和价值分析。从这个角度来讲，评价活动有效开展的必要保证在于确保评价者与被评价者之间的交流和对话。

5. 评价人文精神

教育是为了人的自由存在而存在的，其本质在于全面提升人的价值和尊严，促进人获得解放并最终完成自我价值的实现。因此，教育的本质特性决定了教育评价必须关注人的价值和发展，只见"物"不见"人"的评价活动是非教育的。我们要努力求得作为生命主体的"人"在教育活动中的真正回归，着力于兴趣的培养和人格的完善，关注教育活动中最有意义、最根本的内容。

（二）语文教师评价素养的发展

通过教育评价，能对教育、教学中存在的问题进行分析、诊断，能改进学校的教育、教学工作，因此很有必要采取相应的措施不断提高教师的评价素养。

1. 外部的促进

（1）加强评价指导。首先，以评价素养专业标准评价教师。评价素养标准是从操作层面制定的，属于专业素养结构的内容，该标准可以成为教师能否入职的门槛，同时也可以作为教师未来发展的方向。其次，树立良好的评价示范。教师的教学与评价不可避免地会受到内部和外部评价的双重影响，而外部评价若想发挥示范作用，就需要以良好的品质助力学生预期教学目标的达成。

（2）从专业的角度，支持教师评价素养的提升。其主要包括两个方面内容：一是完善教师全新的评价基础知识储备。这些全新的评价基础知识，尤其是"促进学习的评价"基础知识，包括理念和原则，方法、技术和重要策略，对于教育评价的客观性和实时性有重要价值。二是教师评价培训方面的支持。即为实现教师评价素养的整体提升，教师要精选具有重要价值的知识与技能，针对教师开展精编教育评价课程培训。

（3）创造教师评价能力提升的机会。除了教师的主观意愿、内外部的专业支持之外，评价能力提升的专业发展机会同样是重要的影响因素。在种类多、样式多的教师专业发展机会中，最重要和有效的发展机会在于教师的实践。就现阶段而言，常见的教师评价实践使教师实现了"去技能化"，即没有过多依赖专业技能。所以，要对教师的评价实践进行改造，如对升学评价和招生方式的改革，增加日常评价比重等。与此同时，教师要对教学活动与专业实践相互配合构成评价的有机整体这一理论有清晰的认识，提高自身参与评价活动全过程的积极性和能动性。

2. 内在的修炼

依靠外部的政策推动的评价改革，只有转变为教师主体的自觉行为，才能有效地获得深入推进。素养强调的是主体个人的平时修养，通过采取相应的方法，主动而有意识地完成自我教育。自我评价教育属于一种专业化的自我建构，乃是教师个体专业化发展的一种最为直接也最为普遍的策略选择。

（1）激发内驱力。语文教师要热爱语文教育，坚信语文教育陶冶情操、净化心灵的价值。兴趣是最好的老师，对语文教师而言，兴趣是教学的最大动力。语文教师只有全心热爱自己的教育事业，才能在各方面不断汲取新的养分，不断实现新的提高；语文教师的评价素养也会随之有所改善与完善。

（2）强调终身学习。教师职业具有很强的专业性特征，职业要求教师不断更新自己的知识与能力，教师首先应成为终身学习者，而且要有继续学习的知识与能力基础，不断拓展专业知识，提升专业能力，更新知识结构。要积极主动地收集相关信息，研究教学评价中的关键事件，自学教育评价理论，积极感受和体验评价的失败与成功，并通过经常性的自我反思，来转变自身的评价态度和评价行为。

（3）注重实践能力。实践是检验真理的标准，也是产生真理的来源。对于语文教学评价来说，实践同样具有举足轻重的作用。教师应积极发挥主观能动性，想方设法解决自身在教育、教学中遇到的评价问题，使评价与课程、教学、教师等因素真正融为一体，使教师们重视"在做中学"，在解决真实情境评价问题的过程中，实现评价素养的自我更新，实现可持续发展。

三、教学质量观对语文教学质量评价的影响

（一）传统教学质量观的特征

教学质量观是对教学本性的认识以及认识形式的总的观念体系。在新课改推行以前，原有的教学质量观的显著特征体现在以下几个方面。

1. 以工具理性为价值取向

在实际教育实践中，对升学考试结果的盲目追求，应该是传统教学质量观工具理性的最显著体现。无论是学校、教师、学生还是整个社会，都对学校的升学考试成绩极为看重，这种对升学考试成绩的追逐，实际上已经使得考试的真义完全模糊化。考试本应属于了解、监控教学成效的一种手段、方式，却异化成了教学质量的终极追求目标，这是一种典型的工具性价值取向。其后果是直接造成了人们对教学质量的一种功利性的认识：教学质量的高下，必须以升学考试的成绩为指向和衡量标准；与升学考试关系不大或者无关的因素，则全都被排除于教学质量的考虑范围之外。

2. 以鉴定优劣为评价目的

教学质量是学校的"生命线"，在升学压力下，学校上至校长、下至每一名普通教师都很清楚，教学质量直接决定了学生考试成绩的高低，关乎学校的生存和发展，而抓好教学则是保证升学率的主战场。故而不少学校为了保证"教学质量"（实际上已经异化为"升学质量"），强化对教师教学质量高低的评判，根据考试结果对教师进行等次划分，并据此实施严格的奖惩措施，试图以此来激励全体教师努力工作，从而提高"教学质量"，实际上是提高考试成绩。

3. 以知识点的教授为核心

在工具性价值取向的指引下，传统教学质量观认为，教学质量的核心内容应该是完全服务于升学考试的，一切都要以提高学生的升学考试成绩、提高学

校的升学率为旨归。长期以来，升学考试以笔试为当然的主体，而且试题内容的特点是突出强调知识。加上深受苏联教育思想的影响，我们的教学一直都有注重书本知识传授的传统。所以，我国学校的教学基本是以知识点传授为核心的。

4. 以外力来保障教学质量

传统教学质量观认为，外力因素对教学质量意义至关重要。首先是来自学校外部的，即升学考试对学校造成的压力；其次是在外部压力的作用下，学校内部产生的要求教师提高学生考试成绩的压力。换言之，升学压力成了学校和教师工作的第一"动力"，它促使教师努力提高教学质量，不然自身利益会受损，甚至会影响学校的声誉。不难看出，这种推动力并不是源于教师自身的内在需求，也不是来自学校内部，而是一种外界"压迫"使然。总体而言，传统教学质量观的外力保障其实是一种被动的保障形式。

（二）现代教学质量观的树立

鉴于传统教学质量观的诸多弊端，我们完全有必要树立一种现代的科学的教学质量观，真正促进教学质量的提升。

现代教学不能局限于教会学生多少知识，而要使学生通过一定的教学活动激发并保持浓厚的学习兴趣和旺盛的求知欲。那么，与之相适应的现代的教学质量观也应坚持正确的指导思想，做到智力培养与能力发展相结合、知识传授与能力培养相结合、思维训练与操作训练相结合、教师主导与学生主体相结合、变革更新与继承发展相结合。

1. 现代教学质量观应"以学生为本"

与传统教学质量观相对，现代教学质量观更多的是站在学生的角度来考虑问题。因为学生是教学直接面对的对象，也是教学质量最直接的体验者，是教学对学生需求的满足程度决定了教学质量的高低，而不是别的因素。这就决定了，无论是在课程标准、课程结构、教材开发和管理方面，还是在教学过程、课程评价方面，都应该强调因材施教和因地制宜，且必须充分考虑学生的个体差异和个性发展。这就是"以学生为本"的现代教学质量观。

"以学生为本"的教学质量观主要包括两个方面内容：第一，从学生视角出发，围绕学生的学习需求、学习特点等进行教学活动的设计与组织；第二，教师要对不同学生的个体差异保持尊重和正确看待的态度，充分发挥自身作为学生学习引导者的功能作用，使学生的个性化在引导下实现充分发展。而所谓的真正现代意义上的质量教学，就是要做好这两方面的工作，以保证教育教学适应学生的需求。

2. 现代教学质量观应"以发展为本"

教学质量的提升是在不断发展的过程中实现的。教育教学活动是人类社会活动的有机组成部分，而人类社会是处在发展变化过程当中的，所以，"以发展为本"是教育教学活动的必然要求。在一个动态的环境中，教学处于可持续发展的状态中，否则就会失去在人类社会中的地位和价值。"以发展为本"的教学质量观包含两层含义：一是教师的持续发展。教师是教学活动的实施者和引导者，只有教师自身不断地发展、提升，顺应社会与教育的需要，才有可能保证学生不断地成长、发展。二是学生的全面发展。在现代教学质量观看来，优质的教学是以促进每个学生全面发展为其努力方向的。这里的"全面"包括使学生的多元能力得到充分的开发，使学生的人格得到完全的塑造，使学生的身心得到健康的成长等。

3. 现代教学质量观应"以能力为本"

这里所说的"能力"，既包括学生的能力，也包括教师的能力。就学生的能力而言，是指在教学过程中注重培育学生的学习思维能力，重视学生智慧的开发，引导学生学会学习，培养终身学习的意识与能力。对于教师的教学能力而言，最重要的在于教师对自己教学理念和教学行为的反思能力。一位好的教师，必然是一位善于总结、善于反思的教师。

四、教学评价操作对语文教学质量评价的影响

（一）教学质量评价的目标类型与制定

教学目标是教学活动的出发点和归宿，是确定测量和评价教学质量指标的根据，所以，认识与掌握教学目标的性质、特点和类型，制定课程的具体教学目标是进行教学评价的前提。

1. 教学目标的类型

所谓课程的"教学目标"，是指学生通过学习获得进步所期望的学习结果，即在学完某一课程或某一个学习阶段规定的学习任务以后，其行为能发生一定改变，包括情感、智力、反应等不同方面的变化，知识总量的增长、认知评价能力的提高、实验操作技能的提升、学习态度的改变，等等，显然都属于这个范畴。当我们把教学目标看成可能的学习结果时，包括以下几种不同的类型。

（1）掌握目标与发展目标。"学习结果"通常可以分为两大部分：一是所有学生都必须达到的结果，这是学习一门课程的最低要求。换言之，如果学生想要在下一学习阶段获得成功，他必须达到这些要求，否则就失去了进一步提升的基础。这就是"掌握目标"。二是"发展目标"。这些学习内容并不要求所有学生都完全掌握，而只是为大多数学生的发展提供必要的条件，对学生潜在的发展起到一个促进的作用。发展教学目标的重点是帮助学生发掘潜力，它注重较高层次的学习结果，强调将知识与技能运用于新的情境，注重培养分析问题、解决问题的能力。

（2）最终目标与近期目标。相比较而言，最终目标是最重要的教学目标，它是教学的总体要求和最终结果。这种目标要经过较长时间，通过各种途径才能实现。因此，我们在教学过程中，通常使用的教学内容绝大部分可能只是近期目标。在确定近期目标的问题上，使近期目标靠近最终目标是可能的，关键是要选择那些与最终目标密切相关的内容。评价学生对教材知识的掌握固然重要，但也要评价学生的综合学习能力以及学习态度的转变等。

（3）单课程目标与多课程目标。根据课程对期望的学习结果所起的作用，教学目标又可以分为单课程目标与多课程目标。有些教学目标，通过某一门课程的教学就能获得，其他课程的教学对此项目标的达成仅能起到极小的或者没有起到什么直接作用。同时也有许多的教学目标，通过学习各种不同的课程，经过长时间的努力才能获得，这就是多课程目标。

2. 语文教学目标的制定

教学目标种类各异，彼此的特点与要求也各不相同，不过，综观这些教学目标，我们认为，合理的教学目标的制定可以从以下几个方面着手。

（1）对课程标准有更深入的理解，基本掌握国家对课程的要求。在对课程标准进行分析时，要特别注意对掌握目标和发展目标特点的理解，要对学生必须掌握的教学内容有一定的敏感度，以夯实学生未来发展的基础；针对只需要简单介绍的教学内容，以让学生获得初步的了解为目标。在制定与课程标准相符合的教学目标时，要始终做到全局观念、分清主次、重点清晰。

（2）在对课程标准要求有了一定的理解后，就要开始对教材内容和知识体系进行深入的分析与研究，将独立的知识点条分缕析地整理清楚。然后，在知识点相互联系的引导下，正确区分近期目标和长远目标。与此同时，还要对本课程教学目标与其他课程教学目标之间的关系有清晰的认识，使教学目标与教学过程始终处于相互联系的状态中。

（3）在教学目标分类学看来，认知领域是一个涵盖识记、理解、应用、分析、综合、评价六级学力水平的综合概念。将这六级学力水平应用到语文课程中，可以对课程标准中设定的教学目标进行具体、有效的处理。

（4）对课程的综合性目标用概括性术语进行列举。综合性目标指的是课程内容，课程标准对教学的基本要求，以及明确说明后的具体行为目标。

（5）选取能够引发具体行为的相关术语，对反映具体学习结果的行为目标进行列举，以得到每个综合性目标的合理解释。行为目标是对具体学习结果的体现，而具体学习结果的呈现方式则是在综合性目标达成时所呈现出的学生的具体行为，这些学习结果往往代表着学生实现目标的程度。

（二）教学质量评价的多种形式

1. 学生学习质量评价

语文课程标准指出："语文学习具有重情感体验和感悟的特点，因而量化和客观化不能成为语文课程评价的主要手段。"如何改进语文教学，如何突出语文教学质量目标的整体性和综合性，以达到全面考查学生语文素养之目的，采用多种形式评价语文课程是对这个问题的一个有力回答。

（1）定量评价与定性评价相结合。定量评价是采用数学的方法，收集和处理数据资料，对评价对象做出定量结果的价值判断。定性评价是不采用数学的方法，而是根据评价者对评价对象平时的表现、现实和状态或文献资料的观察和分析，直接对评价对象做出定性结论的价值判断。

评价要尽可能量化，给出分数，但又不是全部量化，有的要做定性分析，写出评语。既重视定量分析，又重视定性分析。第一指标应以量化为主，给出分数，写出评语；第二指标应以定性分析为主，写出评语，然后量化评分。

（2）单项评价与综合评价相结合。"单项评价"的评价对象是学生在某一方面或某一阶段的学习情况，与之对应的是"综合评价"，它是以让学生获得相对完整的语文学习成果为目标，来全面评价指标体系内的全部指标的行为。之所以要结合单项评价与综合评价两种方式，主要原因在于两者之间的内在联系，即缺少单项评价会造成综合评价的片面和简单化。相比较而言，综合评价由于其工作量大、精准度高的属性，一般建议以一个学期或学年为评价周期；而形成性评价则较为频繁，对评价指标体系中的某一项或几项进行单项评价要以教学内容为依据。

（3）终结性评价与形成性评价相结合。终结性评价的评价周期为一个学段一个学科的教育教学质量，评价的目的在于给学生进行学分评定或者结论评定；与终结性评价不同，形成性评价针对的是学生日常学习过程中的表现、成绩、情感、态度、策略等内容，它是一种处于发展状态中的评价方式，反映的是对学生学习全过程的持续观察、记录和反思结果。

教完一篇课文或一个单元后，要按照这篇课文或这个单元的教学目标，对学生的学习状况及学习结果及时进行形成性评价，从而了解学生已掌握了哪些教学内容，哪些学习内容还未被学生掌握，根据这些反馈信息来实施调控，改进教学。对于期中、期末的终结性评价，不仅仅是用来确定学生得分多少，更要注意从中获得指导和改进教学的信息。唯有如此，方能保证评价在激励学生学习、促进教学质量的提高方面发挥积极作用，以此帮助学生有效调控自己的学习过程，使学生获得成就感，增强自信心，培养合作精神，进而促进学生知识、智能和个性的和谐发展。

（4）教师评价与学生自我评价相结合。毋庸置疑，教师是实施教学评价的重要主体，要积极进行教学质量评价；同时还要注意指导学生参与评价，努力培养学生的自我评价能力。教师要善于将评价指标体系交给学生，引导他们对照检查，从中看到自己的成绩和尚存的差距，从而明确自己的努力方向，只有这样，方能使评价真正起到提高教学质量的作用。

2. 教师教学质量评价

教师教学质量评价是为了促使教师深入开展教学内容、方法、手段的研究，引导教师在教学实践中创新，充分发挥教师教学的积极性，提高教师的整体素质，全面提高教学质量。教师教学质量评价，也就是按照一定的标准，对教师的现实工作状况或发展可能性进行检查和系统描述，并做出相应的价值判断的过程。对教师教学质量的客观公正评价，是引导教师改进教学方法、提高教学质量的重要手段，需要考虑多方面的因素。

（1）构建科学的评价体系。科学的评价体系具有一定的完整性，它包括评价机构、评价内容及指标、评价组织实施、评价结果分析及反馈等多方面的内容，通过各个环节的相互依存、相互配合、共同作用，在保证评价结果的客观性、提升教学管理的科学性及教学目标的实现方面发挥了重要作用。

（2）健全评价制度。评价制度主要包括听课制度、教学质量监督小组评课制度、学生评教评学制度以及学生成绩分析制度等，健全的评价制度是衡量教学质量的重要保障，评价制度是否落实到日常的教学工作中是保证评价结果的客观性、全面性、准确性的前提条件。与此同时，还应对所有教师进行分期分批的考核评价，如选择几位教师作为该学期的固定评价对象，对其进行课堂教学效果评价，增加听课次数，多方面、多渠道收集信息等，从而保障评估领导小组评价的全面性和客观性。

（3）评价指标可操作性。作为评价活动的依据和基础，评价指标是否切实可行，将与评价工作质量直接相关，因而其成为实现评价目标、确保评价活动正常进行的关键。科学的评价指标的制定，应始终坚持全面性、可操作性和可靠性的基本原则，应尽可能地使指标表述清晰和明确、便于理解和掌握，并以表格为最终各项指标的呈现方式，在表格中填写上采用等级评定和量化打分相结合的方法。

（4）评价主体多元化。多元化的评价主体主要包括两个方面内容：①由教学（管理）经验丰富的专家组成教学质量评价专家组，作为学校内部专业性、权威性、日常化的教学评价活动机构，其主要职责在于学校教学质量管理政策的制定和发布；②以现实评价活动需要为参考，适时成立单项教学质量评价专家小组，针对课程、专业、教师等内容开展单项教学质量评价工作。

（5）评价手段综合化。

① 多元化教师评价。教师工作是多元化的，涉及教育、教学、科研、管理等多方面；不同的人对教师有不同的要求，以及不同的角色期待，因此对教师的评价也应该是多元化的。多元化教师评价是指对教师评价的主体、内容、标准是多元化的，评价的结果是多元化的。多元化教师评价有利于对教师进行全面、客观、科学、具体的评价；有利于教师趋长避短，各尽所能，发挥其优势；有利于教师的发展。

② 个性化教师评价。教师是有情感、有思维、有个性的生命体，教师的经历、感悟等主客观因素决定了教师的内心世界、外在表现是有个性的，因此对教师的评价不能简单地打上等级或赋上分值，还应该是具有个性的语言描述。个性化教师评价有利于教师发现真我，发展自我。

③ 发展性教师评价。教师是最注重自身修养和自我提高的群体，教师极为关注自身及他人对自己的评价，也善于从评价中不断进行反思，总结经验，完善和发展自我；同时，对教师评价的根本目的是促使教师发展，因此对教师的评价应该注重过程的评价，评价后及时反馈，发挥评价的激励功能；然后继续跟踪，进一步评价，发挥评价的记录成长功能。发展性教师评价有利于促进教师的可持续发展，促使教师最大限度地实现自身价值。

此外，还应注意，要确定教学质量评价周期，形成周期性的评价体系；要向教师授权，鼓励教师参与改进对自己工作质量评价的活动；要记录并评价教师教学质量进步情况；要加强过程控制，使质量形成全过程都处于监控之下等，也可以根据实际情况加以合理采纳。

第四节　高中语文教学质量水平体系构建

一、核心素养下高中语文教学质量水平体系构建

(一) 语文学科要提高教学质量水平

语文学科要想提高教学质量水平，就要以学科核心素养为中心。高中语文学科核心素养主要有四个方面，分别是语言的建构和运用、思维的发展和提升、审美与创造、传统文化的传承。课程标准制定主要的依据是语文学科的核心素养，语文学科要保证质量和水平也需要发展学科核心素养，并不断将核心素养的要求细化。根据新课程标准，学业质量水平分为五个级别，每个级别中涵盖了四个方面内容。这五个级别与课程结构、必修课程的学习、选修课程的学习和选择性必修课程的学习是相对应的，其中包含的四个方面是将语文学科核心素养进行细化和拓展。

(二) 对学生的学科核心素养进行评价

对学生的学科核心素养进行评价，主要的参考依据就是学业质量水平。每一门学科的核心素养及其质量水平都是学业质量的主要参考标准，应根据课程学习的内容来评价学生学业的整体情况。不同水平的学业成就表现出来的特点也不一样，根据学业质量标准，学业质量被划分为不同的层次，在不同的水平层次，学习的结果也会表现出不同的差异。评价学生学科核心素养是否达到标准，所依据的就是学生的学业质量水平。依据学业质量水平，将学生所要掌握的语文学科核心素养关键能力分为五个不同的水平层次，每个层次又可以从四个方面进行细致划分，在此不再详述。

（三）评价教学质量的高低主要根据学科能力

学科核心素养包括本学科的关键能力、应该具备的人格素养和正确的价值观。其中，学科的关键能力主要有思维的能力、动手操作的能力、观察的能力、探究的能力、分析和解决问题的能力、学习的能力等，这些能力在核心素养考察中是比较容易评判的，通过考试可以被观察出来，由此可见，评价学业质量水平主要依据学科能力。

二、全面把握学科教学有效实施学业质量水平体系

学业质量水平是教学与评价的基础，我们可以运用学业质量水平来规范教学目标、教学过程、教学评价和学生作业考试体系。

（一）发挥学业质量水平的引导作用促进教学改革

需要对课堂教学的质量进行评估，而学业质量水平是一种有效的评价方式。教师在选择相应的教学内容和确立教学目标时，都需要以学业质量水平的标准作为依据。教师可以采用多种不同形式的教学目标，但是水平和素养两个核心内容必须包括在内。综合考查学生的学习能力以及与教学内容相关的学科素养，来设立相应的等级要求；教师的教学设计，要以培养学生学科核心素养为中心任务，课堂教学要合理规划，思路清晰。教师的教学方案设计主要依据以下几项原则：首先，要创设相应的学习情境，帮助学生更好地理解抽象的知识；其次，注重培养学生的学科素养，改变以往灌输式的知识教学；最后，在课堂上要体现师生平等，以学生为中心，尊重学生的主体地位，培养学生自主学习能力和合作能力，激发学生学习的积极性。

（二）掌握教学评价方式落实学业质量水平

新课程标准中明确指出，对语文课程进行评价，最根本的是要从整体上提高学生的语文学科核心素养。这个评价过程也就是学生的学习过程，学生的学习包括阅读与欣赏、口语交际、内容梳理和探究等方面，所以评价也要围绕这几个方面来展开，在具体的语文学习活动中更全面地考查学生的语文核心素养。评价主要有两种模式：一种是日常学习中的具体表现；另一种是学业质量评价。对学生日常学习的表现进行评价，主要通过三个主体，分别是学生、同

学和教师，这种评价方法一方面可以让学生从整体上了解自己的学习情况，明确优点和不足；另一方面也可以让教师对学生的情况更加了解，针对教学中存在的问题及时改进，有助于更好地进行教学，提高教学质量。学业质量评价的依据主要是学业质量水平表，在课堂教学中，教师首先要明确学业质量水平的内容和要求，在教学中要有针对性并进行相应的拓展。

（三）进行教学作业改革体现学业质量水平

给学生布置作业是帮助学生复习学过的内容，并使其学会运用所学的知识来解决相应的问题。所以，作业主要有两个作用：一是巩固、复习所学的内容；二是学会运用知识。然而综合考察我国当前的教学情况，往往更重视作业的巩固、复习功能，而忽视了实践和解决问题的功能，教师也重视让学生在考试中获得高分，所以会布置很多作业，对同一个知识点进行反复的练习，让学生掌握这个知识点，从而在考试中能够减少失误。这样做虽然可以提高学生的考试成绩，但是不利于学生语文学科核心素养的培养。大量的、重复的练习固化了学生的思维，让他们缺乏自主思考和创新的能力，不利于提高学生学习的积极性，阻碍学生探索新知识的兴趣培养，对学生学科核心素养能力的提升很不利。新课程标准改革实施以后，要减少学生的作业量，尤其是重复性的作业，更加重视作业的创新性和全面性，尤其是要减少书写作业，多让学生进行语言表达和实践操作，以提高学生表达能力和实践能力。改革作业最主要的目的是让学生通过写作业培养核心素养。根据学科素养培养和学业质量水平的要求，对学生在语言表达和知识应用方面的能力提出了更高的要求，注重培养学生的审美能力和创新能力，通过学习加深学生对传统文化的理解并自觉进行传播。

第五节　高中语文教学质量标准的特征与监测

一、高中语文教学质量标准的特征

要进行语文教学质量的评价，首先涉及的问题是用怎样的标准来评价，换言之，要评价就要先确立评价标准。没有相对恒定的标准，或者标准不清楚，评价的科学性就难以得到保证，导致评价无法正常进行或评价结论不可靠。这样的评价就是虚假评价、无效评价甚至是错误评价。虚假评价、无效评价对语文教学是没有实际促进意义的，错误评价则会对语文教学造成更大的损害。

考察任何事物，若要发现其特点，就必须先找到一定的视角，从适当的角度切入，进行比较分析，才能获得对其特点的把握。就语文教学质量评价标准而言，从评价的依据来讲，语文教学质量评价标准具有一维性和多维性；从评价的时效来讲，语文教学质量评价标准具有前瞻性和滞后性；从评价的内容来讲，语文教学质量评价标准具有层次性和针对性；从评价的功用来讲，语文教学质量评价标准具有实践性和指导性。

（一）标准的一维性与多维性特征

凡实施评价，总要先确定一个标准，而在确定标准之前，必然要先明白所评价的工作的目标。目标是制定评价标准的基础，而目标往往有总目标与具体目标之分：总目标是大方向，具体目标则是朝向总目标的各个分支，它们很难有绝对的一致性的方向。从这个角度来讲，语文教学质量评价标准具有指向总目标的一维性和指向各个具体目标的多维性。

1. 标准的一维性特征

对任何工作实施评价，都要从这项工作的目标指向来考虑，看其目标的达成度如何，更何况是目标性极强的教育工作。语文教学工作的目标指向是语文教学质量评价标准的前提依据。我们的标准不论如何制定，都离不开这个工作目标的制约，离开了这个目标，我们的评价就没有了基本立足点。没有基本立足点的评价，不仅会造成评价的随意性，而且有可能对正常的教学实践造成干扰甚至破坏。从这个意义上讲，语文教学质量评价标准必须指向语文教学活动的整体目标，即具有整体目标指向的一维性。

2. 标准的多维性特征

如果说评价标准的一维性是就语文教学终极目标的整体性而言的，那么多维性就是针对语文教学终极目标的分支和语文实践活动的多样性来说的。

（1）语文素养内涵的多维性决定了语文教学评价标准的多维性。《普通高中语文课程标准（实验）》对高中阶段语文教学提出了五个方面的目标，即学生具有较强的语文应用能力、一定的审美能力、探究能力、形成良好的思想道德素质和科学文化素质。这五个方面尽管都被统一在"语文素养"里，是从"语文"的角度提出的整体要求，但它们毕竟是指向五个范畴的素养要求。

语文应用能力和探究能力是属于应用技术科学范畴的，在这个范畴内的能力，对知识的积累、经验的积累以及心智等方面都有相当明确的要求。语文应用能力与探究能力又有实际的区别：应用能力更多地关注技术方面，探究能力则更多地指方法论因素。探究能力不是语文所专有，应该说，通过语文教学所获得的探究能力是以探究语文学科问题为主的能力，或者说是探究能力在语文学科领域的实际应用，也即通过语文探究活动而使学生形成的探究能力。审美能力属于哲学的范畴，但是语文教学自古以来就因与语言文化、文学美学等有着天然的密切联系而与审美教育无法割裂。我国古代语文教育素有陶冶性教学的传统，即把语文教学的过程视为对人进行品质陶冶的过程，关注生命的成长，注重对生命的关怀，强调情感的陶冶和心性的滋养。这里的陶冶性教学实质上就是审美教学，就是对审美能力的关注。审美能力教育在我国是源远流长的，也是与世界接轨的。

因此，克服单一思维、非此即彼的简单思想方法，在肯定认知教学模式的同时重视审美教学模式，这是非常必要的。思想道德素质，严格地说，不是语文教学的个性，和培养探究能力一样，它是所有学科教学的共性，只不过在语文教学中，因其载体的特殊性，在思想道德熏陶中有着特殊条件和作用，语文教学不能因思想道德教育具有公共性而有意绕开它。在教育的公共地带，任何学科都不应该只强调自己的特性而造成一个真空地带。因此，语文教学质量评价标准必然要涵盖上述五个范畴，要能够检测出语文教学在这些方面所达到的水平。

（2）语文教学范式和学习活动方式的多样性决定了语文教学评价标准的多维性。语文教学范式的多样化和语文学习方式的改变是新课程改革着力推进的一项工作，这种多样性决定了语文教学质量评价标准的多维性。对话学习范式、体验学习范式、活动学习范式等都是从学习过程和目标结合的角度对质量评价标准提出的要求。对话就是多途径通达目的地，改变单一路径达到教学目标的做法。对话是一个哲学概念，不仅指课堂外在的显性的答问、辩论，更指与文本的对话、与作者的对话、与自我的对话等语文活动。体验式教学强调学生的主体参与性、体验式阅读、体验式写作，强调个体特色。活动式教学强调感悟、顿悟、体验。这些教学模式都强调合作学习方式、探究学习方式，它们对教学质量评价标准既从整体上做出规定，也从各自不同角度提出了要求，如过程性、个体性、感悟性、敏锐性、深刻性、内隐性等。

（二）标准的前瞻性与滞后性特征

人类的一切活动都是永远处在历史进程中的，一切活动都是历史坐标中的一瞬，这一瞬的位置与其所在坐标的各个方面都有密切联系。从纵向看，语文教学质量评价标准，既与未来发生联系，又脱不开现时的瞬间固定性。所以，高中语文教学质量标准具有前瞻性和滞后性。

1. 标准的前瞻性特征

（1）教育的指向未来性决定了语文教学质量评价标准的前瞻性。教育是面向未来的事业。今天的高中学生将面临的是至少三年、最多十年后的社会，而社会的发展变化可谓日新月异。教育除了发挥传承作用外，还必须承担起培育未来新人的责任。这就决定了教育必须面向未来。因而，面向未来的达成度，就必然地要成为我们评价教学质量的标准之一。既然是面向未来的，这样的教育必然具有前瞻性，与之相对应的质量评价标准自然应该具有前瞻性。需要明确的是，面向未来的教育究竟是怎样的教育，我们的质量评价标准究竟要体现怎样的前瞻性。

① 未来需要终身学习的意识和能力。富尔在《学会生存——教育世界的今天和明天》中指出："每一个人必须终生连续不断地学习。终身教育是学习化社会的基石。"终身学习的意识，是看其知不知、愿不愿、想不想终身学习；而有没有培养起这种学习意识，是语文教学质量的评价标准之一。终身学习能力，强调的是学习过程中生成的能力。如会不会自己选定学习方向、提出问题、寻找解决问题的路径，会不会自己选择学习资料、分析利用学习资料、对资料做出自己的评价，等等。在教学质量评价标准中体现终身学习的意识和能力，在现阶段显得尤其重要。

② 未来需要善于合作的精神。社会化大生产，劳动分工细化，科技的专门化，对人在社会生活中的合作意识提出了越来越高的要求。这种合作精神、团队意识，不仅学生学习阶段需要，日后踏入社会更是不可或缺的。而且，这种合作精神不是到要用的时候临时学习就可以奏效的，需要及早培养。所以，在教学质量评价中对这种未来指向性的强调，既是顺应未来社会的需要使然，也是对现实教学失误的一个反驳。

③ 未来需要责任意识。责任意识是一个公民的基本素质要求，一个国家、一个民族、一个团体需要每个成员能勇于承担责任，并且能够为自己承担的责任负责，为这个国家、这个民族、这个群体负责。这种品质是需要从小培养的，是需要社会、学校、家庭等共同承担起教养责任的。学校各门课程的教学都应承担这份责任，作为人文性特别突出的语文课程，更是责无旁贷地要将其作为自己的题中应有之义及应尽的义务。

④ 未来需要创造精神和创造能力。创造精神和创造能力是未来社会必不可少的基本素养。创造，不仅要创造丰富的物质，也要创造高尚的精神。中国是素有光荣创造历史的国度，但是，"述而不作""祖宗之法不可变"等传统思

想，也导致人们习惯于守成，而不屑或者不敢去创造。语文教学对人的意识成长具有得天独厚的潜移默化作用，理应有意识地对学生进行创造意识和能力的培养。就语文课程自身而言，也天然地需要创造精神。

（2）育人的发展性决定了语文教学评价标准的前瞻性。教育的本质是使人更趋近于完善的人。对于育人的研究、对于人的评价，是一个动态的过程，育人的过程就是一个发展的过程。人应该向哪一个目标发展，也是指向未来的，这也决定了语文教学质量评价标准的前瞻性。

① 语文教学的基本出发点是人的发展。教育根植于人类的生存与发展之中，教育与人类的生存和发展密切相关，教育的终极目标就是人类的生存与发展。从这一教育观念来说，对人进行塑造和完整性建构，着眼于人的生存与发展，也就是语文教学的本质和目标所在。语文教学到底促进人向哪些方面发展，无论是探索精神的养成，还是道德意识的觉醒，或是个性人格的展现与表达，它们永远都难以有完全现实的标准答案。我们只有根据现在推测未来，永远处在研究状态之中。但我们不能说因为还在研究中，就不进行评价。所以，我们的质量评价标准也相应地处在永远的研究状态中，根据研究，不断进步、不断发展。

② 人的发展因素是具有预测性的。语文发展性因素固然有些是人们根据对以往经验的研究总结出来的，根据人的发展规律研究出来的，但是因其学科独特性和发展的指向未来性，有些因素是具有预测性的。语文探索精神就体现在学生个人对语文自身的探索性感悟与独特性理解上，需要学生具备探索的热情和不懈努力的勇气，对自己现有的思想观念的质疑、批判的态度，具有敢于否定自我的心理结构，使自己永远处在超越自我的不断发展、不断完善的过程之中。比如学生终身学习基础究竟有哪些，语文界一直是争论不休的，就因为从不同角度、按不同标准、用不同方法研究都会得出不同结论，再加上人的个体因素，语文教学的复合性、预测性就显得尤为突出。

③ 评价人的发展潜力是具有前瞻性的活动。人的发展潜力是什么，无论是其心理素质、学习能力、精神品质、人格力量，还是知识结构、前进方向，等等，都具有复杂的个性特色、发展趋势和未来指向性，我们在制定评价标准的

过程中，也总是随着研究的进步，不断革新具体的内容。我们不可能用昨天的标准来评价已经发生了变化的人的发展潜力。评价人的发展潜力是具有前瞻性的活动，那么，制定语文教学质量评价标准也是一项指向未来的前导性的不断发展的活动，这也是决定评价标准前瞻性的因素。

2. 标准的滞后性特征

（1）人类认识的局限性决定了教学质量评价标准的滞后性。人的认识往往没有变化来得快，人们现在的认识，等到变成一个文本固化物，它已经成为"历史"了，现实已经有了新的变化。历史瞬间的凝固性，使我们此现时制定的评价标准相对于彼现时，就有了相对的滞后性。同时，我们的认识往往受到自身的和环境的诸多限制，即使是对现时的研究，也往往难以透彻了解、深刻把握，更何况是对不在眼前的过去和瞄向未来的预测。

对语文教学规律的认识，对语文教学质量评价标准的研制也是这样。我们力求科学、前瞻、客观、公平，事实上，这是不太可能绝对达到的，评价标准的制定滞后于社会和学科的发展，滞后于认识的发展，都是在所难免的。因此，我们就可以避免犯刻舟求剑的错误，而时时保持警觉，不断研究、不断更新评价标准，使评价标准也处于生生不息的开放状态之中。另外，评价标准的滞后性似乎也有其存在的必要。相对的滞后性是与瞬时凝固性相联系的，而任何事情都必须有瞬时凝固性，否则，一是难以认识；二是有些工作难以开展；三是会使一切工作的研究陷入无意义状态。

（2）教材、教学方法的稳固性决定了教学质量评价标准的滞后性。教材是语文课程的载体之一，作为一种特定的文化形式，具有相对的稳固性。语文作为人类文化的组成部分，是基于社会文化积淀的，语文教材也是这种文化积淀的一种形式。这种积淀是将人类历史上最优秀的文化、最优秀的思想、最优秀的语言表达形式和技巧以固化的形式呈现出来，使之担负一定的"模本"职责，供学生学习、品味、模仿。因为它具有丰富性、纯粹性，作为人类思想和智慧、生活与情感的精粹，理应具有稳固性。这种稳固性对教学而言也是必要的。

① 语文教学的人类文化传承使命，需要语文教材保持相对稳固性。诚然，

人类文化的传承途径是多种多样的，而语文课程以文化文本为载体的独特性，决定了它在传承文化方面的特殊性。人类文化的精华载体在于经典，语文教材的用料选择必然要着眼于这些经典。这些经典是固化的，它决定了语文教材具有无可回避的选文的固化形式。

②语文教材的编排形式是经过无数人实践探索，在反复试验验证后得到较高比例的肯定而渐渐稳定下来的。虽然各种改革也在进行，但是大体的框架一直没有突破，这种客观存在也决定了语文教材的稳固性。教学实践需要教材的相对稳定。教学活动需要相对的连续性，一是有利于学生成长。一个学段的几年中要与学生一起学习什么，发展学生的什么素养，是需要整体规划的。尽管这个规划需要做一些修改，但是不可能没有相对稳定性。二是有利于研究教学规律，从而提高教学效率。稳定的教材为人们研究其内容和教法提供了物化的对象，大家可以相对方便地进行研究。

教学实践的客观现实决定了不能过于求新而失却深入，教材的稳固性决定教学的相对稳定性。教什么、评价什么，是衡量教学质量的基本法则，因此，评价标准的滞后性也由此显现。

教学方法是教学工作者和研究者长期实践研究总结出来的涵盖理论与实践成分的教学范式。这种范式一经总结出来，便带有了相对的稳定性，或者说具有基本的操作程序。这些教学范式是从教学实践中被长期谨慎地实验之后提炼出来的，具有相对的科学性。教学方法的实验不同于其他实验，它面对的是人，在今天而言是面对个体家庭的唯一一个特别的人，那是容不得失败的，所以这种实验的谨慎性是可想而知的，其可信性也是相对较高的，这当然不包括弄虚作假、纸上谈兵、想当然、拍脑袋杜撰出来的所谓方法。教学范式需要稳定，这无论从理论还是从实践的角度讲，都是必然的要求。这种稳固性也决定了教学质量评价标准的相对滞后性。

（3）教学人员、社会群体思想的跟进水平也导致教学质量评价标准的滞后性。人类工作的特点决定了其工作思路就是永远在经验世界和理想世界之间寻找最佳契合点。追求最佳、时时创新是理想状态的，而在现实中，人们则往往是根据经验行事，即使是有所创新，也并不是完全割断与经验的联系。语文教学工作也是如此，教学人员的教学经验往往对提高教学质量有重要意义。但是，这经验的另一面则往往是与新的研究成果相对滞后的。况且，就目前而言，教学人员的人生理想、职业追求、职业态度、职业水平也并不是整齐划一的理想状态，学习的落后、理解的误差、探索精神的缺失，当然也有过重的工作负担、似是而非的理念的干扰等形成的诸多问题，使教学人员的实际思想和实践行为也客观地促成教学质量评价标准具有相对的滞后性。教学质量评价标准尽管具有指导性，但是它不可能完全脱离现实的教学实际。

教育是社会的事情，学校的一切活动都与社会有着千丝万缕的联系。学校教育改革是极其艰难的，很大程度上不是难在学校内部，而是难在社会。教师的理念与方法相对还是容易改变的，因为他们毕竟是专业人员，且懂得教育要面向未来、面向学生个性发展的，是希望不断革新、不断发展的。但是社会人员的构成是极其复杂的，让社会人员的教育观念获得更新，那是件困难的事情，而他们对学校、对教师施加的影响力量则是不可低估的。而且，他们对教学质量评价标准的制定，也是施加着各自的影响的。例如，我们主张从学生的综合发展潜力来评价教学质量，但是社会的普遍意识就是看升学考试的分数，就是看重点中学的升学率，语文教师培养起了学生的读书习惯和写作特长，反倒不起作用。

（三）标准的层次性与针对性特征

教学是一个严密的科学体系。总的教学任务总是需要科学地分配到具体的教学时段来具体落实，而这个任务的分配又是受教育对象的生理、心理成熟度和知识接受的科学顺序制约的。与教学行为相伴随的教学质量评价活动，其标准必然地与不同时段的教学内容密切相关。于是就有了评价标准的层次性与针对性。

1. 标准的层次性特征

（1）教学目标的层次性决定教学质量评价标准的层次性。教学目标的诸多内容并不是处在同一个平面的。从评价标准的角度来看，将教学目标分为四个层次是比较合适的，即：认知的层次，包括言语信息；技能的层次，包括智慧技能和动作技能；策略的层次，包括语文认知策略；情感态度的层次，包括语文情感与态度。相应地，语文课程的教学质量评价也需要分别从上述四个层面设置评价标准。

目前，一般流行的教学质量测试卷实际上也是体现了评价标准层次性的，一般试卷结构由"检视你的知识积累、衡量你的语言运用、测测你的课文理解、看看你的经典鉴赏、审视你的写作能力"等几个方面内容组成，这就是分层次的评价形式。可见，教学目标的层次性决定了教学质量评价标准的层次性。

（2）教学任务的阶段性决定教学质量评价标准的层次性。我们可以从三个角度来看这个问题。

① 就高中学段而言，年级不同，教学任务有别，而相应的评价标准自然也应该有所差异。高中三个年级的学生无论是从知识积累来看，还是从生理、心理成熟度来看，都应该在评价标准中有所区别。高一年级用高二年级的评价标准来评价，就很难客观地反映真实的教学质量；反之，用评价高一学生学习质量的标准来评价高三教师的教学质量，也是无法检测到真实情况的。

评价标准不当，不仅难以反映真实的教学质量，还容易挫伤学生的学习积极性，发挥不了评价的教学导向和激励作用。如有的学校从高一学生一进入学校起就用高考真题进行教学评价，高一考试阅卷时也按高考标准进行评分，作文分数往往都被划定在所谓"平均线"以下，学生一进高中便被这样的评价打击，不少学生因此认定学习语文是很难的事情。越到高年级越有更多学生对语文不感兴趣，原因之一就是学校与教师没有注意评价标准的层次性。

② 模块教学质量评价、学期教学质量评价、学年教学质量评价、毕业教学质量评价与升学教学质量评价，是分属于不同层次（功能也有差异）的评价。每一个模块有每一个模块的教学任务，教学结束，需要进行学分认定，并且做出评价；每学期有每学期的教学任务，而学年则有学年的任务。教学任务层次不同，教学质量评价标准自然也应该加以区分。学期教学质量评价，重在过程性评价；学年质量评价，则一般需要适当顾及两个学期的教学任务；毕业教学质量评价，要按照高中学生应该达到的语文素养标准来进行；选拔性评价，则比毕业性评价标准要求要高，要突出选拔性，就必然有梯度性，有不同难度的标准。

③ 对教学过程和教学结果也需要分别进行评价。学习过程评价与学习结果评价是属于不同类型、不同层次的评价。过程评价是一种动态评价，是渗透在平时教学之中的行为评价，重在纵向比较，关注的是评价对象的发展潜力和发展趋势，突出诊断性、激励性、导向性。在过程性评价中，还有许多细的层次，如共性评价与个性评价、即时评价与跟踪评价、研究性评价与评判性评价等。

（3）教学内容的主次性决定教学质量评价标准的层次性。在语文教学中，在不同的学段、年级，教学内容肯定是有轻重主次之分的。并不是说客观上某某内容重要、某某内容不重要，而是根据人的发展阶段性特点，对教学内容做出的不同处理。如大学文学专业要重点学习的文学理论，在高中阶段只是用其一点或几点方法具体分析作品而已。这种轻重主次之分，必然使教学质量评价呈现出层次性。这方面的内容在课程标准和具体的地方教学指导意见里都有所反映。

2. 标准的针对性特征

（1）评价目的的差异性决定教学质量评价标准的针对性。教学质量评价具有不同的目的，指向不同目的的评价标准，总是有其特殊针对性的。

在教学过程中使用反馈性评价，目的是考察教学对象对相关教学方法、教学内容处理的合适度，为下一步教学决策寻找依据。

激励性评价是为调整学生学习心态、增强学习信心而进行的评价。学生长期繁重的学习，或者学习一个相对较难的内容，很容易产生倦怠或者不自信的情绪。针对这种情况，常常需要进行一些激励性评价，以帮助学生发现亮点、找回自信，以更好的心态投入学习过程中去。这种评价标准将着眼于适当降低难度并寻找亮点。

研究性评价是为某项实验、某个研究而进行的评价。如做一个课题，我们往往要在研究之前做一个起点评价，中期和结束都要有质量评价。这种质量评价标准就是指向课题研究内容的，意在考察实验研究工作对预期目标的达成度，以判别研究成效如何。

水平性评价是为检测一个学段、一个年段、一个学期、一个模块的教学质量达到了什么水平而进行的评价。这种评价就是针对一个相对集中的学习内容、学习任务进行的，它往往需要按照多元的标准设计评价，既有过程评价性，也注意终结评价性。

选拔性评价是为分出某种层次或挑选出限定指标的人员而进行的质量评价，如高考、竞赛、三好学生评选等。这种评价就针对目的而设计出能够区分层次、拉开距离的标准，它要求梯度性很强，有相当难度，否则就无法达到评价目的。

调研性评价是为总结经验、发现问题、指导工作而进行的评价。有的学校语文教学明显成为本地的亮点，或者出现突出的问题，有关部门要进行专题调研，为深入发现其教学的本质，取得分析的数据，需要进行相关质量评价。这种评价标准的实际性和本地性就显得比较突出一些。

（2）地域环境的差别性决定教学质量评价标准的针对性。教育资源的分布不是平衡的，城乡之间、发达省份与欠发达省份之间、优质学校与非优质学校之间，都存在着教学环境、教学条件、基础积淀等多方面的差异。面对这么多的不同，我们如果采用统一的标准进行评价，自然也就没有公平可言，做出的评价结论，其科学性自然也毋庸置疑。评价标准的制定必然要针对不同的地域环境的实际情况，只有这样，才能发挥评价的激励导向作用，才有利于促进学生的健康发展。

（3）教学对象的独特性决定教学质量评价标准的针对性。

① 与地域差别相关的是教学对象有客观的特殊性。城市学生的见识面与乡村学生的见识面自然是不同的，乡村学生对山水自然、农业生产、民间疾苦的理解自然比城市学生相对直接、深刻，而城市学生在科技艺术、商业交际上的见识则有明显的优势，这就造成他们在理解文章和表达思想上有各自的特点。由于从家庭教育、幼儿园教育开始的教育差异的长期存在，势必加大不同地域的教学对象在基础、个性方面的差别。我们的评价标准理应顾及教育对象的独特个性，不宜采用一个标准衡量而造成评价的失真、失准。

② 即使是同一地域的教学对象也是具有客观独特性的，同一个地域的学生也不可能各种素质都是整齐划一的。对不同性格、不同特长、不同追求的学

生，应该因材施评。尤其是发展性评价、过程性评价、反馈性评价、激励性评价等，应该充分顾及学生的个性差异。如对一般反应较慢的学生，设计相对简单的题目提问，以增强其自信心；对学习程度较好的学生，适当提出较难的问题，以增压促其进步，就是针对不同学生特点使用不同评价标准的具体表现。

③ 现代教育理念是尊重个性，鼓励特长。人本身就是个性的产物，尽管每个个体都受社会性的制约，但尊重个性是大势所趋。过去的教育基本上是注重社会化培养，所以评价标准也多是"大一统"的。尽管如此，个性的存在与发展并没有被完全压抑，同样的方法培养的人也并没有都成为符合统一标准的人。

社会要发展，人的个性特色应该得到尊重，所以，评价标准也相应地需要具有个性化。比如，有的人就是擅长记忆，有的人就是擅长理解，有的人就是擅长口语表达，有的人就是擅长书面表达，有的人就是擅长谋划，有的人就是擅长行动……我们希望学生都全面发展，成为全才，但是实际上社会分工需要各种特色明显而又本领很强的人。我们的评价应该为各种各样学生的成长创造良好的环境。

（四）标准的实践性与指导性特征

教学评价是教学实践活动的组成部分，但是教学质量评价标准的价值与教和学的活动有区别。它同教和学一样既是实践的产物，又是实践的结果，它的生命与实践相消长，同时，它对教和学还起着监测、矫正、指导等作用。

1. 标准的实践性特征

（1）教学质量评价标准是在实践中产生的并且只有投入实践才有实际意义。教学质量评价是根据教育目标的要求，按一定的标准对教学效果做出描述和确定的实践活动，是教学各环节中必不可少的一环，是教学实践活动的孪生姐妹。因此，教学质量评价的标准必然是根据教学实践的情况确定的。很容易理解，教学实践活动是针对实现教学目标而进行的。在实现教学目标的过程中，我们利用相应的教材，采用丰富多彩的教法，动用各种各样的教学手段，以期实现预期要求。是否实现了预期要求，我们需要用事实说话，需要用数据证明，于是就需要有一个办法和标准检验是否达到了教学目标，教学评价标准就在这样的基础上被研制出来。这个标准的产生有三层意义。

① 教学质量评价标准源于教学实践活动。教学质量评价标准是在教学实践活动中产生的，在实践中产生的标准需要顾及以下三个方面。

首先，它必然顾及教学活动中教师的实际可行性。教学目标的制定一般是根据调查研究切实制定的，在常规情况下，是能够实现目标的。但是因为特殊情况，教师工作的实际状况未必能够通过努力实现这种目标，这时就要根据实践情况，制定符合实际的教学质量评价标准。比如，在新课程改革中，语文教师要备必修课、备选修课，还要指导课题研究、组织社团活动、做班主任……大量、具体的超负荷的工作，让他们加强自身的研修成为奢侈的愿望，必然导致对新课程的理解和钻研不够准确或深刻，实验区反映的最大问题之一就是教师不堪重负而产生抵触情绪。教学评价标准的制定当然要充分考虑到这种教学实践的实际。同时，在课堂教学中，教师实施的随时评价则更应是在实践中随时制定并调整的。

其次，实践中产生的标准必然顾及教学活动中学生实际可实现目标的可行性。我们对学生学习的期望往往是超前、超高的，总有一些学生实际可能达不到这个目标，我们的评价标准只有在实践中才能确切把握，及时调整。

最后，实践中产生的标准必然顾及教学活动的客观情境的可行性。教学条件、教学环境、教学随机情境都是复杂多变的，也只有在实践中才能准确把握实际情况，根据实际情况制定的评价标准，才有可能做出真正的有效评价。

② 教学质量评价标准指向教学实践活动。教学质量评价的目的是检查和促进教与学，是教学活动的一体两翼，不是教学活动的对立面。所以，它必然是指向教学活动实际的，教学活动要研究教学实际，教学评价也要研究教学实际，其标准指向也是教学活动所及。如果不是这样，评价标准还有所谓的另外指向，则必然会对教学实践产生干扰甚至阻碍作用。某些超出学生年级、年龄、学养实际的拔高的、提前的高考模拟评价，就是典型的脱离教学实践的评价标准。

③ 教学质量评价标准只有投放到教学实践之中才有意义。教学质量评价标准来自实践活动，也必须回归到教学实践活动。就像任何一项科研成果一样，

只有投入实践之中，才有可能实现它的价值。教学质量评价标准，无论我们设想得多么完美、多么周全，诸如相对评价和绝对评价，诊断性评价、形成性评价和总结性评价，定性评价和定量评价，等等，只有在教学实践中加以具体运用，才是有意义的。

（2）教学质量评价标准只有在教学服务过程中才能鉴别其科学与否。在长期的教学实践中，已经产生了多种不同的评价标准和评价方法，对教学实践产生了积极的影响。即使是被人们批评最多的高考评价标准，在教学实践中也事实上发挥着"指挥"的作用，对于推进教学质量的提高也发挥了相当的积极作用，这是不可否认的事实。但是，在实践中，我们逐渐发现评价标准中有一些不合理因素的存在。比如，知识体系过分细杂，有的缺少学理的论证，形式过于死板，不能很好地把语文高才生的实际水平反映出来。标准缺乏足够的科学性，有的实际语文素养不错的学生在高考面前成为低分者，而有些平时语文素养并不怎么样的学生在高考中却成了高分获得者。这就失去了评价的科学性、权威性，导致大家都产生一个困惑：语文课无法琢磨。

实践是检验真理的唯一标准。教学质量评价标准的这些或优或劣的因素，只有投入实践之中才能得到检验。比如，在实践中，我们发现以教为主的传统教学质量评价标准，主要检测学习者记忆教师所教知识数量的多少，突出了教师的教，而忽视了课堂集体式的教学形式，学习者原有的认知结构，学习者的个性、学习兴趣、学习动机等。而以学为主的评价标准，则以个人的自我评价为主，以利于检测出学习者的认知结构、学习方式，自主学习的能力，协作学习的精神等，有利于学生的个性成长、最优化发展。

（3）教学质量评价标准有待进一步发展，并且只有在实践中研究才能逐步走向完善。随着新教学模式的产生，需要发展学生许多新能力，传统的评价标准对于新能力有相当的局限性，或者新的能力是不是还能用旧的评价标准来度量，是需要认真思考的。在某种程度上，传统教学模式采用的教学评价已经不能完全适用于新的教学模式。

例如，在实践中人们开始思考行为主义学习理论指导下的教学质量评价标准的局限性，引进建构主义学习理论指导下的教学质量评价标准，评价的出发点从"教"改变为是否有利于学生的"学"，是否为学生创设了有利于学习的环境以及是否能引导学生自主地学习等。在信息社会里，知识的数量已经超越了人类记忆的极限，知识更新又是如此之快，人们不得不终身学习。已经掌握的知识会很快过时，需要的知识不仅可以通过听教师讲课来获取，更可以跨越时间和空间的限制，在浩瀚的知识海洋中寻找、挑选甚至挖掘。收集、整理数据，提取出有用信息，学习新知识的能力才是立足于高科技信息时代的根本。我们追求的评价标准是看其是否能激发学习者的动机、主动精神和保持学习兴趣，是否能引导学生加深对基本理论和概念的理解。

2. 标准的指导性特征

（1）教学质量评价标准是对课程标准实施情况的监测与导向。教学质量评价标准是根据教学目标设计的，教学目标的总体内容决定着评价标准的内容和性质。按照这样的标准来实施评价，必然对课程标准的实施情况起到监测和导向作用。教者对课程标准的理解是否到位，必然影响到教学质量。理解透彻、分析到位、把握准确，势必影响其教学设计、教学手段和教学形式，最终的综合效应必然是教学的高质量。

教学质量评价标准要担负的任务是对教师准确理解课程标准和有效实施课程标准进行必要的控制与监测。课程标准倡导自主合作探究学习，教学的时候有这方面的研究和实践，评价标准对其效果要做出科学的测评。对学生自主、合作、探究的学习方式的形成，对课堂开放和谐、师生互动的教学氛围的营造，对师生共同参与、实现教学相长的动态过程，对每一位学生在课堂上主动求知、探索的表现，教师在这个动态过程的创设、组织、引导和合作角色的呈现情况等都应有相应的标准。对课程标准提出的教与学共同发展，知识与能力、过程与方法、情感态度与价值观的"三维"目标，在评价标准中也是要互相渗透、融为一体来加以体现的。总之，制定教学质量评价标准要仔细研读课程标准，切实担负起监测课程标准落实情况的职责。

评价标准的导向性是非常明显的，我们常说的高考指挥棒实际就是导向性的一个例证。我们的教学质量评价强调的是多维的、多层次的、全方位的体系，而不仅仅是选拔性评价，所以评价的导向作用有以下几个值得关注的地方。

① 导向发展性。教学质量评价不是教育教学过程结束时鉴别与筛选学生和教师的手段，也不是对已有成效的认定，它包含着对一种目标的追求，它是对一种价值的认定，更是促进课程发展、促进学生发展、促进教师发展的有效手段。这样的评价一出现，就标示着对这个效果的肯定，昭示着要向这个方向努力。

② 导向全面性。教学质量应该是一种全面发展的质量，同时也是个性发展、专长发展的质量。评价标准不仅要指向评价教师的教，还要指向评价学生的学；不仅要评价教育活动的结果，还要评价教育活动的过程；不仅要评价学生知识、能力等认知方面的发展，还要评价兴趣、情感、意志、价值观等非认知因素的发展。

③ 导向多样化。评价方法有多种，如定量与定性、自评与他评、结果评价与过程评价、形成性评价与阶段性评价等，我们主张把各种方法结合起来使用，充分发挥各种评价方法的优势和特长，促进评价方法之间的互补，使评价结果更加客观。

④ 导向主体多元化。实施多主体评价，强调学生、教师的自我评价和学生之间、教师之间的互相评价，使学生、教师在评价过程中处于一种主动的积极参与状态，凸显了他们在评价活动中的主体地位。

（2）教学质量评价标准是对先进教学理念的传播与推广。评价的导向性还体现在对先进教学理念的传播与推广上。客观地讲，评价的倡导性带有强制的味道。在推进新课程标准的时候，有关部门组织课堂教学比赛，实际就是在强势推广某种新理念。一种评价标准推出，必然会伴随一些新的教学理念，也会带来教学思想的一种革新与进步。伴随新课程标准的教学质量评价标准，极力宣传和倡导的是建构主义课堂教学理论、多元智能结构理论、本体发展理论、表现与存在理论、唤醒教育理论、文化构建理论、人本追求理论等。

在以上这些理论的引导下，语文教学出现了一些新的景观。比如在教学目标的设置上，出现预设目标与非预设目标的两种似乎不太兼容的模式，强调体现知识、技能、情感态度的并重；在教学内容的确定上，是追求生命表现与存在，还是为应用于生活，出现新的思考；在教学方法上，各种模式层出不穷，但又强调不离语文本色；在教学的呈现上，注意利用问题情境和现代教育技术，以吸引学生注意、引发学生思考，但并不排除必要的传统教学法；在教学策略上，主张体验，主张感悟，再深入文本，进行细读；在教学的组织上，强调师生、生生互动，加强合作与交流。

（3）教学质量评价标准是对教学失误的揭示与拨正。评价就是有检查性的，因为评价标准是根据课程标准而来，具有全面指导性和检测性，通过教学评价，必然会发现教学过程中的失误或疏漏。而平时教学过程中的评价更加具有发现问题的性质。在教学过程中，由于经验不足或认识的误差，或者其他原因，常常会出现这样或那样的不足。教学是一项有缺憾的美的艺术，我们需要通过评价来不断地发现不足或缺漏，以便及时调整教学策略或方法，救失补漏，以力求趋近于完美。这实际上是从另一个角度体现了评价标准的导向性。

综上所述，评价标准是一个复合的、复杂的体系。对教学的研究是无止境的，对教学质量评价标准的研究也是无止境的，教学工作就是在不断的研究与突破中前进的。

二、高中语文教学质量标准的监测

教学质量标准监测是教育行政部门的重要任务，同时也是需要重视的研究课题。通过对教学质量、质量标准和实施过程进行多时段、多角度的监测，能够充分掌握教学质量的实施情况并进行有效修正，从而进一步改进教学决策与管理，达到改善教师教学行为、提升学生学习效果的目的，最终实现教学的最优化。

（一）教学质量标准监测的内容

教学质量标准监测的对象主要包括执教者、受教者和质量标准三个方面，而具体的内容却十分复杂。综合而言，有以下三个方面。

1.教学目标与学习动机

教学目标是教与学的双向活动，它代表着教学工作的发展方向和预期结果，它是每一门学科教学目的和任务的具体化，也是教学内容的明晰化以及能力要求的层次化。教学目标具有共性，主要表现为教材编写者的决定或建议；

教学目标也存在个性，主要表现为教师根据教学对象、课程标准和教学需要自行确定。因此，教学质量标准监测一方面要考虑共性化目标是否达成；另一方面还要考虑个性化目标的优劣。学生的学习动机在很大程度上决定了教学效果，而教师的教学目标定位会影响学生的学习动机。通常情况下，如果教学目标高远且合理，则学生更容易产生强烈的学习动机，而一旦教学目标太容易或者超出学生实际能力太多，则学生的学习动机就会减弱。

2. 教学内容与学习内容

教学内容不能和教材及其他文本内容画等号，教材和文本是师生共同面对的内容，具有确定性和客观性，而教学内容是教师以教学对象、课程标准和教学需要为基础，在实际教学过程中确定的内容。教学内容对教材和其他文本内容具有增补、删改的作用，具有较强的主观性与生成性，它的制定受到教师所教授的学科及教学素养的巨大影响。也就是说，在使用同一本教材或同一个文本进行教学时，不同的教师会有不同的教学内容。

教学内容和学习内容并不相同，教学内容对学生的学习内容有一定的决定作用。但是由于教师的水平不同，其所起到的引导作用有高下之分，同时每个学生都有自主学习的特点，因此，即使是在同一个班级学习的学生，其学习内容也各不相同，而不同班级的学生的学习内容差别就会更明显。因此，教学质量标准监测既要考虑教师的教学内容，还要考虑学生的学习内容。

3. 教学行为与学习技能

教师的教学行为主要包括语言行为和非语言行为两部分。在西方国家，很多课堂讲究者认为课堂就是一种语言环境，教师所要做的事情以及教师需要学生做的事情都在教师的言语中有所体现，因此，在研究的过程中，他们会更加注重教师的口头言语行为。比利时学者德朗舍尔与拜尔合著了《教师怎样教：对课堂中口头语言互动的分析》，在这部著作中，作者以言语行为的职能为标准，将教师的口头语言分为七个不同范畴，分别是：促进课堂组织、促进发展、促进个性化、强制、正反馈、负反馈、具体化材料的利用。教师的非言语行为指的是教学中不需要语言表达的一系列行为，如肢体动作、表情、实验、板书等。

教师的教学行为所表现的是教师的教学理念与思维模式。教师的教学行为会在一定程度上对学生产生影响，但教师的行为绝不可能替代学生行为，这也就说明了为什么同一个教师教出来的学生是天差地别的。一些教师具有良好的教学行为，但是如果忽略了对学生学习技能的培养，那么也不能够培养出优秀的学生，可见，能上好课并不意味着能培养优秀学生。因此，教学质量标准监测必须从教和学两个方面入手，一方面要考察教师，看看教师"教"的目的是不是帮助学生改进"学"；另一方面还要从学生的"学"入手，因为通过"学"的质量能够反映出"教"的质量，因此必须要把师生的教与学结合起来进行思考。

教学质量标准监测一方面对整个教学的具体过程进行质量监测，另一方面也对教学质量标准本身进行监测。教学质量标准的制定虽然遵循了教育的基本规律，但同时也受到了特定时代和学校教育实际需要的巨大影响，人们在这些条件的共同作用下制定的标准带有明显的主观性。可见，教学质量标准是有优劣之分的，有可能存在并不适应教学需求的标准，因此需要进行多方面监测。那么，要想准确衡量出教学质量标准的水平，不仅要注重语言、设计、细节等要求，更要着重评价该教学质量标准是否符合学校的实际需求，是否适应师生的实际状况，并且要在教学实践中不断监测，反复修改，使之更完善且有效。

（二）教学质量标准监测的方法

量化监测与质性监测相结合可以实现良好的教学质量监测，但是，量化监测与质性监测的具体方法则是一个值得讨论的问题。量化监测与质性监测是共存的，也就是说，任何教学质量监测都不可能采取单一的手法，掌握并能够将量化监测与质性监测结合应用是每一个优秀监测者所必备的能力。

1. 量化监测

（1）数据采集。数据的采集主要包括机械采集和人工采集两种方式。机械采集数据需要利用计算机和互联网技术，监测者通过分机（输入器）将对教学过程的评判（分数或者等级）传送到终端机。机械采集数据具有数据完备及时、受外界影响小、不可控因素少等优势，因此比较适用于成绩分析、评教等方面。但机械采集来的数据也具有一定的劣势，它比较容易受到监测者的情绪影响，缺乏逻辑推理，在一定程度上并不能真正代表监测者的想法。人工采集需要监测者采用实地调查、面对面访谈、开展讨论等方式对受监测者的情况进行了解，并进行人工的数据统计。人工数据采集最大的好处在于，在采集过程中可以对受监测者进行追问，从而深入挖掘其真实思想，而其最大的缺点则是人力、物力和时间上的投入较大，同时所采集的点虽然十分深入，但普及度不足。

（2）数据处理。在通常情况下，机械采集和人工采集的数据均需使用计算机进行处理。只是，使用机械采集的数据，终端机不需要人工输入即可对分机传输过来的数据进行处理、统计和分析，在加工处理后得出量化评价，并将对受监测者的量化评价与数据库中设定好的指标进行比对，从而得出受监测者具体的优势和问题所在。人工采集与机械采集的数据区别在于需要人工输入，除了这一点，它和机械采集数据的处理过程相同。

（3）数据保存。每次采集到的原始数据和统计分析后的数据，均应于数据库中进行保存，为受监测者留档。学校应为教师和学生建立信息档案库，允许受监测者和管理人员进入浏览数据，并通过授权和密匙做好相关保密工作。这样做的好处在于，既能够帮助管理人员准确、及时地掌握师生教与学的状况，还能够帮助师生进行自我了解与分析，有利于解决问题和自我改进。

（4）数据反馈。对采集到的数据、统计分析后的数据、分析处理的意见和建议，可通过三种渠道、四种方式进行反馈。三种渠道指的是邮件、微信、QQ等网络渠道；打印有教学质量监测统计数据的纸质渠道；以及电话、视频、面谈等口头渠道。四种方式指的是教学结束直接向受监测者反馈，也就是即时反馈；教学结束间接向受监测者反馈，也就是间接即时反馈；教学结束一段时间后直接进行反馈，也就是直接延时反馈；教学结束一段时间后再间接予以反馈，也就是直接延时反馈。

2. 质性监测

（1）教学观察。这是质性监测的重要途径。教学观察不是简单的听课，听课的重点在于教师所讲解的内容以及教师是如何讲解这些内容的，在听课前，听课者通常不需要做过多的准备，也不需要进行规划。而教学观察的重点不仅在于课堂上教师的讲解和学生的学习，还在于课外教师的指导和学生的学习。除此之外，教学观察需要提前做好充分的准备，确定好观察的中心，对观察的时间、地点和次数制订好计划，还要提前选择好观察记录的方式。在课堂教学观察过程中，观察者不能只听教师的讲解，还应观察教师的形与神，观察者在进行记录时也不能只记录教师的语言和板书，还要记录师生的行为模式，包括言语行为模式和非言语行为模式，要关注师生行为发生的时间和频率，总结其发生的原因，除此之外，还应记录抽象的现场感受和对现场一切行为的理解。

（2）监测记录。教学观察中包括定量分析，可预先设置行为类目，再对在一定时间段内出现的类目内行为进行记录。不过，监测记录通常使用文字或语音进行描述，一般的听课笔录还不足以满足教学质量标准的使用要求，需要制作更加合理、详尽的监测记录单。教学质量标准监测记录的形式有很多种：可以从时间、空间、环境、事件、目标、情感等多种描述角度进行；也可以从日记、描述、随手笔记、流水账等叙述体系进行；还可以从不同的监测记录工具进行，如用图的形式直接呈现相关信息的图式记录，使用录音、视频等电子形式进行现场永久性记录的工艺学记录。

（3）监测报告。教学质量标准监测的成果通常要以报告的形式进行反映，通过教学质量标准监测报告，受监测者的行为才能够被干涉与矫正。教学质量监测报告没有严格统一的写法，但通常需要包括以下几个方面的内容：时间、地点、原因、目的等基本状况，教学质量标准监测的整个过程，收集到的信息及其甄别，对信息的分类、分析和统计，基本结论，根据结论提出的意见和建议等。

（4）监测互动。教学观察、监测记录和监测报告都是监测者的行为，都属于单向性教学质量标准监测。而要想使教学质量监测真正有效，则需要有受监测者的参与，从而形成多向的、互动的监测。也就是说，质性的教学质量标准监测要加强讨论与对话，而从目前的情况来看，这正是教学质量标准监测中最薄弱的一环。通过不断的教学实践，我们从中总结出一整套监测互动的方法。

第三章

高中语文不同教学方法及其评价监测

第一节 高中语文教学的合作学习

与其他学习方式比较，合作学习的特征明显，其价值亦有其独到之处。合作学习可以界定为：以合作学习小组为基本形式，系统利用教学中动态因素之间的互动，促进学生的学习，以总体成绩为评价标准，共同达成教学目标的教学活动。

一、高中语文教学合作学习的原则

合作学习的课堂管理应运用恰当的教育教学手段，调动学生的主观能动性，优化课堂教学结构，提高课堂教学效益，全面提高学生的综合素质。具体而言，应遵循如下原则。

（一）成功机会均等的原则

成功机会均等指的是在小组学习中，高中生通过自身成绩的提高对小组成绩提高做出贡献。这样的学习模式参考的是学生以往的成绩，属于标准参照性，和传统的常模参照性不同，这种模式的优点是优等生、中等生、差等生都能发挥自己的作用，因为小组重视的是每一位成员的贡献，这有利于所有学生的共同发展。现代教育注重的是每一位学生的成长，强调学生应该享有平等的学习权利、成长权利。异质小组的合作学习尊重不同学生的差异，这对于学习困难的学生有非常大的帮助，需要注意的是，在建设这样的学习小组时，教师要做好优等生和学困生之间的搭配，要发挥优等生的学习带动作用，帮助学困生学习，激发学困生学习的动力，并且传授学困生学习的方法。除此之外，教师还应该在合作之初设置好基础分数，并且在未来的学习中以学习提高分来评价学生，这将会很大程度地激发学困生的学习动力，让他们获得学习成就感，可以说，这很好地保护了学生的学习兴趣。

（二）小组激励评价的原则

全新的评价理念强调的是学生学习主体地位的体现，评价可以让学生正确认识自己，有针对性地在某些方面提高自己。除此之外，评价理念还强调进行形成性评价，这种评价方式能够增强学生的成就感和自信心，还能够培养学生团结合作的精神。合作学习不会过于关注学生个人的成绩，会将团体的成绩作为学生是否获得奖励的依据，对学生进行的相关评价、相关奖励会依照小组总体成绩为标准，合作学习模式的存在使学生个人之间的竞争变成了合作小组的竞争，小组之间激烈的竞争会反过来促进小组内部成员的合作，能够让小组中的每个人都各尽其能，最大限度地激发个人的潜力。而且，相比于学生个人的努力和奋斗，小组形式的努力能够让学生体验到更多的乐趣，有助于培养学生的合作精神，提高学生对合作的积极性。

（三）相互依赖的原则

第一，目标上的相互依赖。小组学习的目标是相同的，教师会分配给小组一个或者多个学习目标，学习目标的完成需要小组内部成员的共同努力，这样的学习模式会让小组内学生的学习动机明显增强。之所以会产生这样的效果，是因为个人不代表自己，代表的是小组集体的荣誉，这会促进学生动机的增强，让学生想要完成教学任务，会让学生尽最大能力完成小组的共同任务。

第二，资料上的相互依赖。高中语文教师应该分发给小组成员不同的语文资料，小组中的成员不应该拥有所有的资料，这是为了让学生之间加强分享、加强交流，只有通过交流，才能获取所有的资料，才能完成任务。

第三，角色上的相互依赖。小组内成员在分担角色时应该让每个人承担不同的角色，角色的分配可以由教师指定，也可以由小组成员自行决定，角色之间要有联系、有互补。承担某一角色的小组成员必须承担角色的责任，每一个人都有自身角色的任务，所以保证了每一位学生参与交流和活动的机会，避免在课堂活动中有人被遗忘。合作学习直接或间接地提高了学生的责任感、归属感以及自尊感，激发了学生为集体服务的动力，而且小组学习的形式有效地降低了学习焦虑，学生更愿意表达自我，更愿意尝试，更愿意创新，有利于学生创造力的提高。

第四，奖励上的相互依赖。如果小组成员表现优异，那么整个小组都会获得活动奖励，也就是合作小组成员成绩是共享的。

（四）最小干预的原则

最小干预原则即当正常课堂行为受到干预时，应该采用最简单、最小值的干预纠正违规行为。如果最小值的干预没有发生作用，可逐步增加干预值，主要目的是既要有效地处理违规行为，又要避免对教学产生不必要的干扰。干预的结果，应该是尽可能使教与学的活动继续进行，使违规行为得到较好的控制。

如果让那些出现了行为问题的学生成为教室里的注意力焦点，他们反而会获得成就感。有经验的高中教师都会以不引人注意的方式来处理学生的行为问题，他们会在自己的讲课中把学生的名字带进去，被叫到名字的学生自然会得到提醒，而其他学生则可能不会觉察出问题。

（五）主体性的原则

主体性原则指的是在小组合作过程中要尊重学生学习的主体性、能动性以及学习自主性、学习创造性，要让学生在小组学习中积极地、主动地发表自己的意见。教师需要注意的是，教学活动中的学生不仅是被管理的对象，与此同时，他们还是管理的主体，教师应该充分激发他们的能动性，让他们自主管理小组、管理教学活动，让他们自主解决遇到的问题。

主体性原则的应用主要涉及两个方面内容：首先，学生的主体性必须得到充分的尊重，学生必须在课堂活动中发挥自己的作用，课堂活动也必须把学生看作主体，学生应该拥有独立的人格、独立的决策，要有自己的学生观、价值观；其次，教师应该为学生主体性的体现创造条件，引导学生形成自己的主体性人格，也就是学生主观上愿意进行自主性的选择，打破外在因素的限制，这个过程是从自发到自觉的转变，让学生自觉地参与课堂活动、课堂管理，充分发挥主体性，在这样的情况下，学生的求知欲必然会增强，学生会把知识的学习和了解当作一种探索，会获得学习的乐趣，逐渐进入学会和会学的境界。与此同时，学生的合作意识、合作技能也得到了提高，合作学习的模式也能够持续发展下去。

（六）有效指导的原则

有效指导原则需要教师把学习的主动权重新交到学生手中，让学生有自主构建学习时间和学习空间的权利，让学生的思维有更多发展的机会，让学生能够进行自主学习。将学习主动权归还给学生并不是要削弱教师的作用，相反，教师的指导作用得到了增强，教师必须要发挥出自己作为课堂组织者、引导者的作用，要掌握教学的各个环节，教师和学生之间更像是合作的关系，教师不可以过度干预学生对学习问题的思考，但是又不可以对学生遇到的困难置之不理。

（七）师生合作的原则

师生合作指的是在课堂学习过程中，学生和教师对彼此的依赖，两个课堂主体是相互促进、共同发展的关系，师生合作的特征是通过合作谋求共同发展，师生合作的中心是教师和学生之间的交流互动。教师和学生要承担起自己在合作中的责任，形成合力。课堂是非常活跃的整体，在课堂中的每一个人都要担负起自己的责任，不能将自己置身于课堂之外。语文教师是课堂的管理者，不仅要维持课堂的秩序、安排任务，还要推进教学进度；学生是课堂真正的主人，既要管理课堂，也要管理好自己。两个主体对课堂的责任存在关联，没有一个主体是独立的，在主体之间建立合作关系能够让课堂更加完善。举例来说，学生对课堂的管理有助于学生提高自我管理水平，也有助于教师提高自己的管理能力，与此同时，还能提高教师和学生自身的责任意识，而且教师对学生管理方面的指导能让学生更加积极地参与到管理当中。师生之间的合作意味着在课堂中彼此地位的平等、彼此权利的平等，也意味着彼此都要承担课堂的责任，要遵守课堂规范，而且要不断地交流沟通，促进彼此的合作。

二、高中语文教学合作学习管理

（一）对学生所期望的行为给予关注

高中语文教师应该对他期望的课堂行为给予特别的关注，教师的特别关注会引发学生的效仿。举一个相反的例子，有些教师会在课堂中提醒不认真听课的学生，有时候会点名批评不认真听课的学生，但是教师严厉批评的结果是其他学生争相模仿说话学生的行为，这是因为他们想引起教师的注意，教师的批评反而起到了和预期目的相反的效果。在学生比较多的合作课堂中，教师应该引导学生，让他们清楚明白地了解教师期待哪些课堂行为、哪些课堂行为是有价值的，比如教师应该告诉学生认真倾听别人的表达，按照顺序发言，不要打断其他同学的发言。除此之外，教师还应该对符合他期望的小组给予表扬，举例来说，如果教师希望讨论的声音小一点，那么教师可以对讨论声音大的小组不给予关注，对讨论声音小的小组给予表扬和关注。与此同时，教师要给出表扬的原因，这能在很大程度上引发别的小组效仿，进而达到教师想让讨论声音小一点的目的。

（二）不轻易调换小组成员

在合作学习过程中，小组的创造力并不取决于个别的小组成员，而是取决于小组成员之间的交流方式、互动方式。一般在合作初期都会出现合作不顺利、不友好的情况，也会有个别成员希望调换合作小组，教师对个别成员的这种要求一定要慎重处理，不要随意地调换小组成员，因为随意地调换小组成员会导致学生无法学习到和他人沟通的技巧。出现问题最好的方式是解决问题，教师应该合理安排小组成员的组成。举例来说，对于独来独往的学生，教师可以将其安排在人缘比较好、乐于助人，并且非常受欢迎的学生身边，这能够有效地保证学生不被孤立、不被遗忘，能够保证他们进行充分的交流学习。

（三）确定合作目标与任务

合作学习有共同的目标，在共同学习的过程中，教学目标要有一定的情感体现，要追求知识学习、技能学习、情感交流的均衡，学习小组的目标应该由教师制定，在制定好目标后，每一个小组成员都要遵守。合作小组中的成员在完成个人目标后，还要帮助小组内其他同学完成目标，只有这样，才能完成他们共同的小组任务。

（四）确定学生个人责任

小组学习过程中会有能力强的学生特别愿意完成任务，为了避免能力强的学生替代其他同学完成任务，教师可以将学习责任分配到具体的个人。

（1）责任承担。小组在有了共同的目标之后，应该将目标分成不同的小目标，每一个人都要承担一个小目标，最终小组目标完成的程度取决于每一个同学完成小目标的质量。

（2）随机提问。从小组成员当中挑选一个随机提问，并且对他的回答做出评价，他的评价代表小组活动的整体评价。因为提问是随机的，所以每一个人都有可能向教师展示活动成果，这就使得成员积极地参与活动，否则会影响小组荣誉，这种集体荣誉感造成的压力能够让成员认真参与活动。

（3）个别测试。在集体讨论的时候，成员之间是可以交流的，可以互相帮助，但是当老师检查学习成果时，学生必须独立完成，并且以学生的个人表现当作小组的成绩，这种测试方式能够让学生失去小组的保护，让学生无法逃避学习的责任，而且如果学生积极学习、积极参与，就能获得较好的成绩，能为小组赢得荣誉，这有利于学生积极性的提升。

（五）制定合作学习规则

合作学习规则能够约束和规范合作小组的学习过程，能够让课堂教学更加规范，也能够让学习效率得到有效的提高。一般而言，学习规则主要涉及五项内容：一是自我管理，始终在自己的座位上，控制好自己的音量，不打断别人，不说多余的话；二是听人发言，在别人说话时不插话，记住别人的说话要点，给出适当的评价；三是自己发言，发言内容要包括自己的独立思考，要条理清晰、表达清楚；四是互帮互助，既要帮助同学，也要虚心向同学请教；五是说服别人，要保持自己的态度，对别人的看法提出质疑，但是态度要诚恳，要用道理让别人认同。

（六）发挥小组组长作用

分好小组之后，教师应该选出小组组长，小组组长的任务是维持小组纪律，分配任务，安排和组织集体讨论，做好任务总结等。在开始展开合作时，小组组长应该选择人缘好、有能力、在学生当中有威信的同学，与此同时，教师也应该对小组组长展开培训，给予他们一定的管理权力，但是也要避免他们利用权力垄断小组任务，要监督他们，让他们正确使用权力。

（七）强化学生自我管理

真正有效的管理是学生自我的内在管理。课堂既然是教师与学生共创的，那么，学生同教师一样，也是课堂中具有独立精神意志的主人。而且，课堂活动的最终目的是促进学生的健康发展，离开了学生的参与、支持与合作，课堂管理便失去了意义。内在管理强调学生积极主动地参与，在参与过程中形成自主意识和责任感，从而激发其主动和创造精神。内在管理不仅能提高课堂管理的效益，而且能发挥学生的聪明才智，有利于他们的成长和发展。

（八）教师必要的督促与介入

教师应该介入合作学习的全过程，并且要督促学生的合作，教师对合作的介入和管理包含非常多的内容，举例来说，他要默默观察学生解决问题的过程，如果学生遇到难题可以暂停活动，给学生做出一定的指导和示范；对于表现好的小组要给予表扬和引导，其他学生会主动效仿良好行为。教师的介入是为了让学生掌握正确的合作技巧，在学生遇到难题时提供帮助。通常情况下，如果出现了以下问题，则教师要参与到学习活动中：一是如果同学不了解任务，教师一定要介入，对任务进行解释。二是教师要时刻观察学生的任务完成过程，如果小组顺利地完成活动任务，那么教师要及时地给出表扬和奖励。教师也可以在结束之后介入小组讨论，保证每一名成员都参与小组讨论。如果小组完成任务的进度缓慢，则教师也不要急于介入小组讨论中，可以先观察一段时间，如果遇到的难题实在无法解决，教师再介入小组指出问题，给出问题解决的思路，需要注意的是，教师不能直接给出答案，而是要引导学生寻找答案。三是教师要维持讨论的纪律，如果某一个小组的声音过大，那么教师要对小组的这一行为及时制止，教师也可以让小组成员位置更靠近一些，这能够有效地降低他们讨论的声音。

在合作小组开始讨论之前，要告知学生合作所需要的技能，还要训练他们的合作技能，但是在合作开始之后，还是会有学生无法真正地使用合作技能，这时候教师需要参与到合作中，帮助学生更好地掌握学习方法，更有效地使用学习技能。如果教师发现小组讨论的内容和主题相脱离，那么应该及时制止，并且为小组的讨论指明方向；如果合作学习已经进行了一段时间，那么教师可以询问某一小组的具体进度，了解学习任务的完成情况；如果有小组完成了学习任务，那么教师应该检查任务是否真正完成；如果确实完成了学习任务，那么教师可以让小组成员自由活动，也可以让小组成员自由选择帮助其他小组完成任务。

（九）选择最佳合作时机与合作内容

1. 选择最佳合作时机

要根据教学实际需要，把握合作学习的时机，尤其是在教学任务较多或需要突破重难点的时候，在学生意见产生较大分歧或思维受阻时，都可以组织合作学习。选择最佳合作时机不仅可以调动集体的智慧，每个学生都能参与，掌握了相关知识和技能，还让每个学生感受到个人和集体的力量，认识到合作是必需的，充分体会到合作的优势，感受到合作的意义，享受到合作成功后的喜悦。

2. 选择最佳合作内容

学习的内容要适合学生交流思想，任务应当具有一定的难度，具有合作学习的价值。学生通过自主学习无法完成或无法较好地完成的内容，可通过合作学习让学生相互帮助、相互讨论、相互交流。

（十）正确处理合作关系

1. 正确处理个人学习和合作学习的关系

小组合作学习的目的是把小组中的不同思想进行优化整合，把个人独立思考的成果转化为全组共有的成果，以群体智慧来探究问题、解决问题。因此，有效合作学习的前提就是个人学习，合作学习应该建立在个人学习的基础上。学生只有对学习内容获得较为全面的把握后，上课时有备而来，带着问题、带着思考、带着求知的兴趣进入课堂，才有可能在与他人合作时有话可说、有感而发，才能避免以个别学生的思维代替其他学生的思维。而且，每个学生领悟和探究的视角各不相同，更易于激发在相互交流时思想的碰撞和思路的拓宽，提升合作学习的效果。当然，也便于教师及时了解学生的疑点、难点，更有针对性地组织教学，促进学生更高层次思维的发展。

2. 正确处理竞争与合作的关系

竞争与合作是对立统一的关系。两者既相互区别又紧密联系，都是最基本的社会互动形式，永远不能孤立地存在。与合作相比较，在没有引导的情况下，人们更倾向于选择竞争的行为方式。我们需要做的是针对传统教育造成的恶性竞争的不良环境背景加以引导，使其转化为良性竞争。我们可以在小组内部和小组之间引入竞争的机制。在小组内部提倡竞争，可以充分激发学生的潜力，使学生能够积极参与小组合作学习。值得一提的是，小组内部的良性竞争并不会影响到小组成员之间的合作，它们都是基于小组合作学习共同目标的实现，竞争只是在小组内部形成一种比赛的氛围，目的是实现小组合作效率的提高。而在小组之间引入竞争机制，则有利于促进学生的小组意识，形成集体荣誉感，小组成员彼此之间相互帮助，共同抵抗外界的压力。

3. 正确处理教师和学生的关系

在合作学习过程中，始终坚持一个原则——学生是合作学习的主体。因此，合作学习更加注意学生的心理需要，把教学重点放在学生的"学"上。就表面而言，教师失去了传统教学中所拥有的"权力"或"权威"，但事实并非如此，教师的作用更加重要、责任更加重大。教师进行讲授，需要激发学生学习的兴趣和动机，更要促使每个学生获得最大限度的发展，还要善于协调各小组的活动，对学生和小组进行认可或奖励，促使学生主动掌握知识、发展能力。

第二节 高中语文教学的自主学习

自主学习是学生在教育者的启发、指导下，充分发挥自己学习的主体作用，在学习的整个过程中对学习的各方面，包括学习情绪、学习策略、学习方法与技术等，做出主动的调节、控制，从而完成学习任务的过程。

一、高中语文教学自主学习的原则

（一）自主性原则

高中语文教学实践的特殊性要求教师必须具有创新意识，必须全方位确立学生的主体地位，充分调动学生的积极性，注重学生个性的培养。现代教学理论认为学生是学习活动的主体，也就是要让学生自主学习。

在语文教学过程中，教师一方面要创造机会，乐于放手。要积极为学生提供自由思考的时间和机会，为全体学生创设一个主动探索的空间；另一方面要相信学生，敢于放手。学生是学习的主体，他们有自己的思维方式，有一定的知识积累，对一些知识的学习，学生独立或通过合作是能够解决的。作为教师要让学生在课堂有限的时间和空间内多读、多说、多思，使学生真正成为课堂的主人。同时，大力创造学习的机会，学生能发现的教师不暗示，学生能叙述的教师不替代，学生能操作的教师不示范，学生能提问的教师不先问，使学生在力所能及的范围内"跳起来摘果子"，让学生自主地运用所学知识去解决实际问题。

此外，教师要立足学生，善于放手。高中语文教学不是无目的地放手，当学生对知识不理解或操作不规范时，教师要加以引导。自主学习并不意味着任由学生自己学，同样也离不开教师的引导。教师要善于在方法上引导，在关键处点拨。

（二）目标性原则

自主学习的语文课堂管理应当有正确而明晰的目标，它向教学目标的实现提供保证，最终指向教学目标。目标本身具有管理功能，直接影响和制约师生的课堂活动，能起到积极的导向作用。并且，目标使学生成为积极的管理者和参与者，对于发挥学生自觉的求知热情，增强学生自我的管理能力，也具有积极意义。

在高中语文教学过程中，教和学的活动首先要确定好准确适度的目标，使知识的难度恰好落在学生通过努力可以达到的潜在接受能力上，从而不断构建新的知识结构。在这种目标的适度要求下，教材的处理、教学方法的运用、教学过程的每一环节，都要体现学习目标。只有树立目标意识，教师的教和学生的学才会同步提高。

激发学生自主探求的兴趣和欲望，这是构建高中语文自主学习课堂教学模式的核心要素。如果让学生根据自身的情况，在教师的帮助下制定对自己有意义的学习目标，自己确定学习进度，那么学生的学习兴趣肯定非常浓厚。让每个学生在课堂中充分行使自己的权利，充分享受学习的乐趣，这就给了学生自由选择的权利，为他们提供了主动探究的空间。

（三）激励性原则

在高中语文课堂管理时，通过各种有效手段，最大限度地激发起学生内在的学习积极性和求知热情。激励性原则要求教师在课堂上努力创设和谐的教学气氛，创造有利学生思维、有利教学顺利进行的民主氛围，而不应把学生课堂上的紧张与畏惧看作管理能力强的表现。激励性原则还要求教师在课堂管理中发扬教学民主，鼓励学生主动发问、质询和讨论。当然，贯彻激励性原则并不排除严格要求和必要的批评。

浓厚的兴趣如磁石般吸引学生的注意力、思考和想象力，促使他们积极思考、主动探索。一个宽松和谐的教育教学氛围的形成，取决于教师的民主意识。培养学生的创造力，尤其需要民主的氛围和相对的空间。教师要努力创设一种教学氛围，允许学生有自由思考的时间，鼓励学生争辩、质疑、标新立异。

（四）参与性原则

自主学习活动取得有效成果的前提就是学生的全员参与和全身心地投入学习。学生只有积极参与，充分投入，才能使自主学习成为可能。为此，自主学习的课堂管理要做到三个方面：一是高中语文教师应采取各种方法进行积极动员，关注全体学生，促使不同层次的学生都积极参与课堂教学；二是要做到学生在自学活动中多种感官并用，观、读、思、做几个方面有机结合运用；三是要最大限度地把课堂教学的时间和空间交给学生，使学生真正参与课堂，成为课堂学习的中心和主体。

（五）自控性原则

自主学习课堂管理要求学生自己管理自己的学习，不依赖外界来管理自己的学习活动，这是自主学习的又一个基本特征。自主学习课堂管理表现为学生对学习的自我计划、自我调整、自我指导、自我强化。教师一方面要强化学生的自我管理意识，让学生意识到自我管理的重要意义，引起学生对自我管理的认同；另一方面要逐步培养学生的调控能力和自我管理能力，这是促进学生自主学习的重要因素。

（六）反馈性原则

运用信息反馈原理，对语文课堂管理进行主动而自觉的调节和修正，是反馈性原则的基本要求。在高中语文教学中，教师应当不断分析把握教学目标与课堂管理现状之间存在的偏差，运用自身的教学机制，因势利导，确定课堂管理的各种新举措，作用于全班学生，善于在变化的教学过程中寻求优化的管理对策，而不应拘泥于一成不变的管理方案。此外，应积极关注不同程度学生自主学习的完成情况，准确把握学生学习的反馈信息，并以此确定课堂指导的内容及策略，增强教师课堂指导的指对性及有效性，使学生的自主学习更为有效。

二、高中语文教学自主学习管理

高中语文课堂管理是指教师在教学活动中通过协调课堂内各种人际关系，

吸引学生积极参与课堂活动，使课堂环境达到最优化的状态，从而实现教学目标的过程。课堂管理的根本是创设良好的学习环境和条件，促进学生有效地学习，有利于学生自主学习的课堂管理应该以满足学生的自主要求为切入口，以和谐的人际关系为基础，以学生的自我管理和自律为特征，以积极的师生对话为主要手段。为了促进学生的自主学习，教师可以采用如下课堂管理策略。

（一）设置利于学生自主学习的目标任务

1. 创设具有挑战性的目标

教学目标是教师进行教学活动的指南，在多数情况下，教学目标是由国家、学校或教师来确定，学生只能被动地接受这些目标。在这种情况下，如果教学目标设置不够合理，则会对学生的自主学习造成一定的消极影响。因此，教师在设置学习目标时应注意：首先，教师应把提高学生自主学习能力设为最终目标，并在教学中有意识地强化学生自主学习的能力，将其作为教学目标的重要部分。其次，教师应设置明确、具体、适度的教学目标来引导学生进行自主学习，并促进学生对教学目标的认同。最后，教师还可以以灵活方式引导学生自主确立学习目标，体现目标确立的主动性、开放性和灵活性，使教学目标真正成为学生学习的要求和期望，起到激励学生去探究、去发现的作用。

2. 设置适当的学习任务

学生的学习兴趣源自两种动力——内驱力和外驱力。在自主学习中，学习者对学习的需要主要源于已有的知识经验不足以解决面临的现实问题，为了解决面临的问题，学习者的学习积极性将被激发出来，形成学习的内部动机，这是一种积极、持久、力量强大的动机。在这种动机的激发下，学习者的自主学习行为才可以维持下去，也才可以根据自己的情况和外界变化对学习进行监督与调节。学生对知识的兴趣越强，学习的主动性、自觉性也就越强。因此，教师在组织学生自主学习时，应尽可能与学生民主协商学习任务，给学生以一定的选择空间，以提高学生的学习兴趣，激发学生学习的内部动机。

（二）优化利于学生自主学习的教学设计

有利于学生自主学习的教学应该凸显学生的自主学习过程，给学生以充分的自主学习机会。把学生自己能够掌握的学习内容让学生通过自学、讨论先行解决，然后教师针对学生不能掌握的内容进行重点讲解或指导。这样，在学生自学、讨论的过程中，充分发挥学生个体和集体的学习潜能，锻炼学生的自主学习能力，自学、讨论后不能解决的问题也可以为教师的讲解提供明确的依据。通过教师有针对性的重点讲解或指导，学生能够更好地获得问题解决策略。

　　有利于学生自主学习的教学流程主要包括确定学习目标、激发学习动机、自学教材内容、自学检查、集体讨论、教师讲解、练习巩固、学生小结等环节，这些环节构成流程图的主体部分。另外，还有教师指导、启发、反馈、评价这一模块，意指在学生确定学习目标、自学教材内容、自学检查、集体讨论、练习巩固等环节，教师主要起辅助、引导作用。

第三节　高中语文教学的探究性学习

一、高中语文教学探究性学习的原则

（一）主体性原则

主体性原则是指教育的根本目的在于培养、发展和弘扬学生的主体性，而教育的过程从本质上来讲，也就是在特定的教育手段和教育方法辅助下，实现人类优秀学科专业知识和经验向受教育者个人思想道德、才能智慧的转换，社会精神财富向学生主体性素质的内化过程。因此，无论是从目的还是从过程来看，主体性教育理论都十分注重发挥人的主体性。从实践操作层面来讲，学生作为任何学科教学活动的主体，其积极参与和自主活动的程度都与教育活动的开展直接相关，而对教育者而言，其教育任务也不仅仅停留在知识的讲解与传授上，进一步来讲，应该是对学生能动性、自主性和创造性的充分调动，以及对学生探究态度和探究能力的培养与发展。

探究活动是一个综合性的活动过程，具有多侧面、多途径、多方法的基本属性，活动的完成需要经历观察思考、提出问题、探究方案设计、检验假设、提出答案和解释、预测，以及与同学就探究结果进行交流和讨论，而这个过程必须在学生的主动参与下才可以高效、优质地完成。与此同时，通过探究活动，学生也完成了对认识冲突的解决任务，这都离不开学生的坚持观察、思考和实验探究等。所以，探究学习更凸显学生学习的自主性，即自主选择学习内容、学习方法，自主制订和实施学习计划，以及对学习结果的自主评价，而这种基于信任的自主探究必定可以推动学生探究能力的提升。对探究学习进行课堂管理，对教师也提出了更深层次的要求，即高中语文教师为学生搭建自主探索、自主创造的平台，激发学生的积极性来应对问题情境或探究，使学生能充分发挥主体性。

（二）情境性原则

为激发学生的探究兴趣，教师应注意了解学生关注和感兴趣的问题，然后将那些真正来自学生和属于学生、联系学生生活和社会实际的问题纳入课堂。在课堂管理过程中，教师应通过创设问题情境、真实生活情境、实验探究情境等多种情境，激起学生思考的冲动，加强学生对知识的重组和改造，保证学生对知识的意义建构，提高学生发现问题和解决问题的能力。这样就将学生带入一个问题情境，激起了学生的探究热情。

（三）差异性原则

差异性原则要求教师对不同学生的个体差异要有清晰的认识，要能够在教学过程中尊重学生的独立人格，促进学生个性发展；要针对不同学生的差异化学习需求提供差异化的教学服务，以培养学生的学习兴趣，激发学生的学习积极性和能动性，引导学生建立科学的学习态度。

在学生的差异化影响下，学生对学习探究活动也会有不同的体验，进而形成带有主观色彩的评价和结论。基于此，教师要在高中语文课堂管理过程中，以学生学习兴趣的保护和因材施教教学方式的引导，使学生的个人特长在不同的活动中得到发挥。因此，探究学习中最重要的一个原则就是要从实际出发，承认和尊重差异性，为学生创造性的发展提供自由的环境和条件。

二、高中语文教学探究性学习的管理

（一）高中语文教学探究学习的教学设计

成功的课堂教学与成功的课堂设计是密不可分的。探究学习的课堂设计应从以下几个方面着手。

1.制定探究目标

探究目标是探究活动主体在探究活动中预期要达成的最终效果，是进行高中语文教学设计的出发点和落脚点，因此具有预先性和目的性的双重属性，而在探究活动中，确保探究目标的合理性和适当性是探究方案设计的重中之重。通常来讲，探究活动对学生的知识技能、思维情感、行动方式所产生的影响，并最终呈现出来的变化就是探究目标的达成情况。

2. 创设问题情境

高中语文探究学习实质上是问题解决的学习，问题是整个学习过程的核心和关键。因此，创设与探究主题有关的问题情境，在教学内容和学生求知心理之间设障立疑，引起学生对知识、对科学、对人生的思考，激发学生的探求欲望是探究学习首要的和关键的一个环节。在探究学习中可通过四个途径创设问题情境：①通过学科之间的横向联系创设问题情境；②通过日常概念和科学概念的矛盾冲突引发问题情境；③利用多媒体创设问题情境；④通过精心策划的课堂讨论创设问题情境。

3. 设计探究方案

探究方案作为指导探究学习的指南，是决定探究学习成败的关键。因此，教学方案的设计既要遵循科学探究的基本过程，又要根据实际情况的需要。具体而言，可利用实验、科学史，结合生活实际、调查访问、查阅文献资料等形式来设计探究方案。

（二）高中语文教学探究学习的内容选择

探究学习的课堂内容即探究内容是探究学习目标的载体，是选择学习材料、安排教学环境和教学条件的依据。虽然探究学习具有接受学习所没有的优点，但是并非所有内容都适合于探究。因此，高中语文教学探究内容的选择就显得尤为重要。选择探究内容应以探究目标、学生学习的准备情况和学习特征为依据，不仅要注意科学性，还要注意个性化和社会化，即要与个人和社会的生活紧密结合。因此，探究内容除了高中语文教科书上现有的探究内容外，还应选择一些社会生活问题以及学生自身发现的问题等。

（三）高中语文教学探究学习的过程管理

1. 课堂纪律的保持

一个班级有几十名学生，既要学生自主探究，又要保持课堂良好的秩序，管理任务自然是繁重的。如果教师一人承担管理任务，教师的大部分精力就会耗费在一些纪律问题方面，就不会有充足的时间去帮助学生探究问题，也就无法保证语文教学任务按时完成。把教师从繁重的管理任务中解脱出来的一个有效途径就是适当下放管理权，动员全班学生都参与纪律管理，师生共同制定一些管理条例，明确每名学生的义务与职责，同学之间互相管理，人人自我管理。

2. 教学组织形式的安排

探究学习常常是合作式的活动，学生之间大多数以小组为单位进行探究学习活动。但在分组情况下，也会出现积极参加者、消极被动者甚至偷懒者。为使每名学生都有充分参与的机会，应控制小组的规模，小组的规模取决于学生的年龄、探究的条件及性质，在教学阶段一般以3~4人为宜。另外，有些情况是可采用全班和个人单独活动形式的，如当学习对象或任务比较简单，个人经过努力后能独立完成，就应该采用个人单独进行。在活动最后总结经验时，就要采用全班讨论的形式。因此，教师要根据学习任务的性质以及学习进程设计教学组织形式。

3. 探究时间的安排

教师在设计探究学习时，要对具体的探究过程做到心中有数，做到能够比较精确地预估每一步骤所需的时间，把握好整体时间的分配，使整个探究活动的节奏加快，转换自然，避免无谓的时间流逝。

第四节　高中语文教学的情境式学习

一、高中语文教学情境式学习的重要性

情境教学法是指教学过程中，教师以引发学生的情感经验、提高学生对教材的理解和掌握能力、有目的地营造具体情境的教学方法。高中语文教学实践活动中积极导入情境教学法是高中语文教学实践贯彻落实立德树人、以人为本教学理念的重要表现，不仅可以提高学生的学习效率，还可以提升学生的道德素养。其应用的重要性体现在以下几个方面。

（一）优化学生价值观，强化学生的审美鉴赏能力

情境教学法为学生学习不同的语文知识内容营造了特定的情境，一定程度上培养了学生从不同角度看待和分析问题的能力，进而引导学生树立正确的价值观，使学生的审美鉴赏能力和综合素养在潜移默化的过程中得到全面提升。

（二）强化学生的思维能力和理解能力

与传统语文教学"满堂灌"的教学模式不同，情境教学法在高中语文教学实践中的科学应用，以情境营造的形式对学生分析语文内容发挥引导性作用，并以学生在特定情境中的思维活动为基础推动学生深入思考语文知识点，与此同时，主动探究学习过程中遇到的诸多问题的解决方法。对于学生而言，这种方式既能活跃学生思维，又能提高学生的思考能力、分析能力和解决问题的能力，从而使学生具备一定的语文学习阅读能力和理解能力。

（三）陶冶学生情操，提升学生的思想境界

情境教学法的本质是对沉浸式教学环境的重构，通过这种环境重构使学生

接受传统教学环境中所感受不到的文学感染和情操陶冶，其内在的先进文化可以使学生的心灵得到净化，使学生的思想境界在不断的学习探索中得到提升，情感境界得到升华。

（四）锻炼学生的创造思维，提高学生适应社会生活的能力

学校教育的最终目的是让学生具备适应社会生活的能力，而情境教学法融入高中语文教学实践活动，可以为学生营造一种假设的社会环境，从而使学生积极发挥创造性思维，有效锻炼学生适应社会的能力。

二、高中语文教学情境式学习的管理

（一）创设生活化场景

生活化场景是学生所熟悉的生活常态，在高中语文教学实践活动中创造生活化的场景，可以给学生一种心理暗示，即语文课堂不再是教室，而是社会或大自然，学生需要细心观察生活细节和生活现象，而在教师生活化语言描述以及生活元素等的辅助下，学生对生动形象生活情境的感知也会随之更立体、更具象，其直接性影响就是拓宽了学生眼界。

（二）音乐渲染情境，激活审美体验

提高学生的审美鉴赏能力是学校教学的核心素养要求之一，对于高中语文教学实践活动而言，学生的审美鉴赏能力主要体现在学生分析和理解文本内容的能力，以及以文本理解为基础发现美、感受美、创造美的能力等，其重点在于以有效的教学指导为媒介强化学生的文化理解能力和语言表达能力。因此，将情境创设教学方法应用到高中语文教学，要求教师要认真思考，针对不同的教学内容导入不同的音乐渲染情境，使教学内容在学生脑海中塑造更立体和鲜活的形象，只有这样，才能加深学生对故事情节、人物性格特征、情感走向等的理解，才能给予学生良好的审美体验，高效化培养学生的审美能力。

第五节　高中语文教学方法及效果评价

一、高中语文教学方法

高中语文教师应该把握正确的新课改方向，在实际教学过程中不断汲取经验，设计更好的、更符合素质教学的课程计划。教师应该坚持以学生为主体的教学思想，倡导自由、自主、合作的教学方式，营造轻松活跃的课堂氛围，设计多种教学方式，为语文教学增加趣味性，激发学生学习积极性，在加强学生语文知识的基础上，塑造学生人文精神，让学生学会人生规划。

创新性地使用语文教材是高中语文教学中一种新颖的教学方法技巧。传统语文教材大都以文体或知识点组成单元，不利于发挥学生的主观能动性，这就需要用人文话题组成多个专题，能够让学生在独立探究中提高学习语文的能力，全面提升学生的语文素养。所以要让学生从自己的兴趣出发，根据自己已有的知识经验创造性地使用教材，才能真正活学活用，成为教材的研究者与改造者。

学习语文要注重平时的积累，平时要经常摘抄有用的名人名言、格言警句；阅读中外名著及富有时代气息的现代文学精品；欣赏优美的诗歌、散文；制订阅读、背诵计划；把课本与课外读本、必修课本与选修课本充分结合起来，注意相关课文异同点的分析与比较。总之，一个好的学习方法可以达到事半功倍的效果，也可以提高学生学习语文的能力。

二、高中语文教学效果评价

对于高中语文教学评价而言，教学评价是双面的，一方面是教师对学生的学习情况的评价；另一方面是学生对教师的教学评价，这两个方面的评价都是相互影响、相互作用的，所以不管是哪方面的评价，都应该做到公平、公正、客观、合理。公正合理的教学评价，对于教师而言，可以让教师在教学中明白自身的不足和缺陷，知道怎样的教学方式才会更加适合学生的学习需要。公平客观的评价，对于学生而言，可以让学生更好地去配合教师的教学，可以为学生提供更多学习语文的有效方法和技巧，可以让学生的语文学习界面扩大，从而让学生的语文学习能力得到提高。

一个高效的高中语文课堂，不仅体现在教学方法技巧和教学评价上，更重要的是教师应该时时刻刻关注学生的学习状态，这样才能更好地指引学生学习的方向。学习是学生的主要任务，教学是分为"教"和"学"两个方面的，课堂教学并不是教师的"独角戏"，而是学生学习的主要阵地，是学生学习的最佳时间和地点。在课堂上，教师应该多起到一些指导的作用，更多地体现出学生的课堂主体地位，让学生去积极主动地掌握学习的主动权，这样，教师的教学才会变得更有效率，学生的语文学习能力也会得到锻炼和提高，学生的语文成绩也会得到提升，学生的学习能力也会变得更强。

第四章

高中语文不同课型模式及其
评价监测

第一节 高中语文教学的复习课型模式

复习课程主要针对的是以往学过的内容，对学过的内容展开系统的梳理，重新建构知识框架，寻找知识内容间的联系，让语文知识结构体系更加完整，让学生能够运用知识体系解决实际应用中的语文问题。复习课和新授课之间是相对的，需要注意的是，复习并不是一味地练习，复习是为了重新认识以往学过的知识，了解知识涉及的概念、知识体现的规律以及知识的外延应用，还要理解知识和知识之间存在的逻辑关联，并且通过复习建设知识网络。复习是从实际的角度出发，理解知识的具体内涵，发现知识之间的关联，以此升华知识、巩固知识，将知识牢牢地记在脑海中的过程。

一、高中语文教学复习课型模式特征

（一）要注重学生学习的主体性

要注重学生学习的主体性，让学生通过复习提高自己的能力。要注重学生对复习过程的参与程度，高中语文复习主要是为了深化知识、完善知识、提高能力，这些都需要学生将知识内化，需要学生亲身体验才行，所以复习一定要体现出学生的主体性、自主性，要让学生积极主动地参与到复习过程中，尤其是要让学生亲自展开对知识的归纳、整理和完善，这一过程任何人都不能替代。教师可以对学生的学习给出一定的指导和讲解，但是必须要在尊重学生主体性的基础上展开，要注意调动和激发学生对语文学习的兴趣。

（二）要突出复习的针对性

复习是对知识的归类和梳理，要做到有的放矢，高中语文复习必须针对重点知识或者学生的薄弱环节，只有这样，才能获得实际的效果。首先，复习应该针对全班学生都相对薄弱的环节；其次，复习还要关注学生知识掌握的差异，应该针对学习的薄弱地方做到针对性的复习，也就是学习要对症下药，容易混淆的知识点、容易记错或记漏的知识点应该着重复习。复习过程中教师要引导学生发现自己的问题，教师不可以将自己以为的问题当作学生复习的问题，一定要让学生找出自己学习的薄弱环节，并且针对薄弱环节展开针对性的温故知新。

（三）要注重复习的建构性

学生的复习应该注重知识的整合过程，要注重对知识进行归纳和整理。知识之间是有内在联系的，只有当知识被整合到知识系统中，才能发挥自身的功能，才能利用知识间的关联解决语文问题，也就是语文知识的复习必须注重知识之间存在的纵向联系、横向联系，有计划、有规律地复习知识内容，让学生学到的知识可以系统、有条理地存到学生的记忆中。学生应该有一条清晰的知识线，其可以利用知识线对知识做出由点到面的总结，而且总结应该按照信息的数量，有步骤、有计划地进行整理，尤其要注重知识之间的联系，这有助于学生建立清晰的知识网络，有助于学生掌握知识归纳和整理的方法。

（四）要注重复习的探究性

要注重复习的探究性，让学生在复习中探究知识的应用，提高知识的迁移应用能力。对于高中语文知识复习来说，如果使用传统的说教形式只能够获得非常细微的效果，高中语文复习一定要选择有针对性的、能够对学生带来启发的、能够帮助学生建立知识体系的方法，引导学生去探究问题、解决问题以培养学生的思维能力，让学生掌握解决实际问题的技巧，并且将技巧应用和迁移到其他问题上。

二、高中语文教学复习课型模式建构

（一）设立目标，依照学案展开自学

学生可以通过排查知识或者测评知识的形式检查本单元学习中存在的知识盲点，然后确立自己的复习目标。复习目标一定要有针对性、具体的指向性，不可以是空泛的，只有这样，才能让自学有目的、有方向，才不会陷入盲目的自学状态当中。如果遇到学习问题，学生可以自行查阅相关的工具和材料。

（二）交流讨论，不断地完善学生的知识体系

教师可以组织小组讨论，让学生和学生相互讨论存在的疑问，互相解答，教师也可以进行一定的点拨，但是点拨要适度，教师应该给予学生充分的自主探索答案的时间，不可以直接给出答案。与此同时，教师也要引导学生朝着答案的方向逐渐靠拢，如果学生取得了一定的学习成果，教师应该给予表扬和奖励，通过讨论学生可以建构自己的知识体系，可以对问题形成自己的理解，也可以对问题给出自己的解答，交流可以激发学生的思维，能够让学生想出更多的思路。

（三）要让学生参加实战演练，提升知识能力

在对学习重点和难点进行一定的训练之后，要及时清理存在的知识疑问，不要留下知识疑问。学生可以自主查阅资料，自主扫清知识盲点，也可以和其他人讨论交流，了解知识的本质。

第二节　高中语文教学的活动课型模式

　　语文活动课是语文课改的一个特点。语文综合性学习能够培养学生的语文学习兴趣，能够提高学生的语文素养，与此同时，也能够培养学生的探究精神、合作精神和创新精神。应该在语文课堂中提倡综合性学习，综合性学习注重在活动中了解语文知识，提高语文听说读写能力，提高语言知识素养，实现语文知识学习和思想锻炼的结合。语文活动非常注重学生的活动体验，无论是在时间上还是在空间上都相对开放，相比于以往的常规课堂教学，学生能够获得更大的自主权，活动能够更好地满足学生对语文学习的需求，而且在语文活动过程中学生的个人特长能够得到更大的体现。语文活动这一全新的课型具有非常重要的时代意义，相比于其他课程也体现出了更多的优越性，未来这一课程形式的发展还需要语文教师不断努力、不断探索。

一、高中语文教学活动课型模式特征

　　（1）高中语文教学活动课型模式的主体性特征。主体性特征体现以学生为主体、以教师为主导的新型教学模式，真正体现了学生的主体性地位。

　　（2）高中语文教学活动课型模式的互动性特征。互动性特征强调了师生互动、生生互动，共同完成探索任务。

　　（3）高中语文教学活动课型模式的自主性特征。自主性特征体现在学生由被动学习变为主动学习，积极提倡自主、合作、探究的学习方式。

　　（4）高中语文教学活动课型模式的建构性特征。建构性特征体现在促进学生潜能的发挥和发展。

（5）高中语文教学活动课型模式的多元统整特征。多元统整特征包括多元智能的统整及听说读写多元能力的统整。

二、高中语文教学活动课型模式建构

依据综合实践活动教学的原则和内涵，基于合作学习的模式，活动课型构建模式如下。

（1）教师创设活动情境，学生进入情境活动。

（2）教师布置相关活动，将学生分成小组，分组完成。教师应该为学生设置任务情境，学生主动接受任务，并且开展活动，小组的方式有利于活动的开展，也有利于学生共同合作，一起探究，一起讨论问题、解决问题。为了让所有学生都加入活动交流当中，教师应该在尊重学生的基础上，合理地将不同的学生分配到合作小组当中。学生可以发挥自己的优点和特长，完成一小部分任务，在参与中体会到获得成功的乐趣。

（3）教师和学生之间应该积极互动、交流。教师可以为学生设置问题，引导学生思考，学生可以通过交流、阅读、讨论、实践等方式由浅入深地探究问题、分析问题，在这个过程中，非常适合使用合作式、启发式、探究式以及对话式的教学方法。

（4）总结问题答案，形成自己的观点，并且分享活动当中的收获。学生可以根据自己的理解，归纳总结概括本次活动的主题，并且使用自己的语言表达出来，教师可以根据学生的发言，给出一定的建议或者补充。

（5）在总结的基础上，引导学生归纳升华。在这一过程中，教师应该联系实际问题，引导学生将结论运用在实际问题当中，实现知识的学以致用，这一过程既是对知识的强化，也是对知识应用性的延伸和拓展。

（6）活动结束之后应该展示作品，并且对活动结果做出综合性评价。学生应该以小组的形式展示研究成果，学生可以利用PPT或者手抄报的形式演示成果，对活动的评价应该由教师和学生一起完成，评价内容应该包括教师的评价、学生之间的互相评价以及学生的自评，而且评价应该涉及探究的过程和探究的结果，教师需要注意的是评价应该以鼓励为主。

第三节　高中语文教学的互动课型模式

在高中阶段，语文是一门重要学科，它在培养学生语文核心素养和塑造学生未来的发展方向方面都占据了重要的地位。多维互动教学模式是一种师生之间和学生之间多方面沟通的教学办法，它以建构主义的理论为根基，以建构主义的核心为标准。它在课堂上能充分调动学生的学习主动性，让学生在不同的互动中体验到学习的快乐，从而达到课堂的教学目标。营造多维互动的教学课堂，应该把握住师生之间、学生之间的多方面信息，通过沟通交流落实多维互动的教学模式，最终提升语文的教学质量。

一、高中语文教学课前多维互动

（一）创新互动导入方式，激发学生兴趣

在上课之前，教师一般都会采取课前互动这一方法，因为在互动中能充分调动学生的互动欲望和兴趣，为接下来良好的课堂氛围打下基础。每一堂课都需要导入，导入的设计非常重要，它能激发学生的学习欲望。在传统的课堂教学中，导入这一环节一般都显得单一和程序化，学生的积极性很难得到调动。所以，高中语文教师在课堂导入这一环节应该对其加以创新，让导入过程拥有趣味性，并且贴近高中生的学习生活，使多维互动教学模式的优势得以发挥。

（二）开展课前互动活动，提高学生兴趣

在高中生较强的学习压力环境下，语文教师应该充分发挥学科的多样性，适当缓解学生的学习压力，为学生提供一个相对轻松的课堂氛围，使学生有主动互动和沟通的欲望。在课堂教学之前，教师应该根据教学内容的需要开展对

应的课堂互动，调动学生的学习兴趣，让师生之间和学生之间有更多沟通的可能，这样一来就可以为建立良好的师生关系打下基础。另外，教师在课堂互动当中应关心每一位学生，给学生以主动展示自己的机会，让学生在课堂互动中建立信心、提升自己。

二、高中语义教学课中多维互动

（一）师生互动

（1）转变角色，激发学生的互动欲望。教师要做到灵活转变角色，最大限度地发挥师生互动的优势，这样的课堂效果才是最明显的。语文教师一般在教学过程中扮演着教师、朋友、观察者等角色，如果在情况多变的课堂教学中，教师不能做到随机应变、灵活教学，那么教学质量也就难以提升。所以，教师要灵活转变角色，提高课堂质量，为学生营造良好的互动氛围，激发学生的互动兴趣，最终学生获得知识，教师也在教学中不断成长。

（2）设计问题，培养学生的思维能力。在面对课堂教学时，高中语文教师应该重视对学生多向思维的激发，如发散性思维、逻辑性思维等。激发学生的多向思维能调动起学生的主观能动性，敢于发表个人意见和想法，从侧面也建立起了教师和学生互动的氛围。在激发学生多向思维的方法上，教师可以考虑在课堂上多提问等。所以，根据所设计的教学内容，语文教师能适当地加入一些问题，通过提问激发学生的好奇心，这样不仅培养了学生的多向思维能力，也能让学生有效率地完成学习任务。

（二）生生互动

（1）小组活动，让学生能展现自我。在多维互动教学模式下，最能带动学生参与课堂的方式就是小组活动。现在的高中生大都具有自我思考的能力，相比于教师授课，他们其实更喜欢发表自己的见解。通过小组活动，很多学生有了展示自己的平台，不同的思想在这里形成碰撞和结合，有效提升学生的互动兴趣和学习主动性。所以，高中语文教师在教学过程中，要多组织小组活动，提高学生的表达能力和思考能力，也对学生的创新精神有所培养。

（2）互相评价，挖掘学生学习能力。互相评价不仅能有效缓解教师在课堂教学中的压力，还有利于营造出相互竞争的氛围。其实，互相评价的最终目的是激发学生互动的兴趣，让学生在互动的过程中互相学习、敢于质疑，从而提高语文教学质量。所以，教师在实践前要做好调查，从课堂表现分析每位学生的特点，对其进行合理分组，保证学生都能在互相评价的过程中进步。

多维互动教学模式始终是以学生为主体、以教师为主导，充分调动学生的主观能动性和创造性。每一位教师都应该提升个人素养，树立起终身学习的职业理念，在不断的实践中建立最科学的多维互动教学模式，不断提升高中语文的教学质量。

第四节　高中语文教学的发展性评价模式与改革

一、高中语文教学的发展性评价模式

语文课程的基本特点是工具性和人文性的相互统一。从工具性的角度出发，语文是很重要的交际手段；从人文性的角度出发，语文是人类文明中的重要部分。高中语文课程的学习旨在培养学生的语文素养，语文素养是学生学好其他学科的基础。正是因为语文课程具有多种功能和丰富的内涵，所以它在基础教育阶段起着主导作用。语文课程的开展必须考虑到每一位学生，从而培养学生的基本语文素养。语文课程培养的是学生热爱祖国的感情，引导学生科学地使用汉语，积累汉语使用的经验，培养出良好的语感，让学生具有相应的识字能力、阅读理解水平、写作能力和口语交际能力。高中语文教学课程同样还要重视对学生品德涵养和审美价值的培养，让学生的德、智、体、美得到均衡发展。在语文课程丰富人文内涵的影响下，学生对教材的理解是多元化的，所以在教学过程中，要重视语文的感染力和教学内容的价值影响，让学生在学习互动中有独特的体验感。

作为一门实践性很强的教学课程，语文教学应该重点培养学生的实践能力，以语文实践为主，适当取舍语文的知识系统。语文又是一门母语的教学课程，拥有丰富的教育和学习资源，实践的平台也有很多。所以，应该让学生直接学习语文教材，在学习过程中理解语文的深刻内涵。在教学中，也应该重视汉语言文字的特点，包括被它影响的写字、阅读、写作等，以培养学生的良好语感为教学目标。

另外，在高中语文课堂教学评价中应注意：①分析高中语文课堂教学和学业质量。②解析语文学科核心素养的基本内涵。主要是基于语文新课标，界定语文核心素养内容包括语言建构与运用、思维发展与提升、审美鉴赏与创造、文化传承与理解四个方面。③制定语文学科核心素养的评价标准。主要是基于语言建构与运用、思维发展与提升、审美鉴赏与创造、文化传承与理解的基本要求，界定课堂教学评价和学业质量的评价标准。④评估高中语文课堂教学和学业质量。主要是采用课堂教学评价标准评估教师课堂教学过程，以及采用学业质量评价标准评估学生学业学习效果。⑤提出基于核心素养培养的高中语文课堂教学和作业质量提升路径。主要是基于评价结果，结合当前语文课堂教学和学业质量的现状，提出针对性的改进措施。

（一）高中语文教学发展性评价模式细则

1. 听力评价细则

（1）A类听力评价细则，具体如下。

① 能重视听力角度的信息接收、处理，主动、认真地听取对话语言环境的话语。能保持良好的听力信息接收状态，对一般信息都能保持浓厚的兴趣和较强的注意力。

② 具备较强的听力信息处理能力，能够及时、准确地分析、概括、归纳信息内容，把握对方的思想感情。

③ 一般能较全面地概要复述听觉所接收的信息内容，重点突出，条理清晰。

④ 能准确、概要地记录听觉所接收的信息内容，重点突出，条理清晰。

（2）B类听力评价细则，具体如下。

① 能重视听力角度的信息接收、处理，听取对话语言环境的话语。能保持较好的听力信息接收状态，对一般信息都能保持较浓厚的兴趣和注意力。

② 具备较强的听力信息处理能力，能够较准确地分析、概括、归纳信息内容，把握对方的思想感情。

③ 一般能概要复述听觉所接收的信息内容，有重点，有条理。

④ 能概要地记录听觉所接收的信息内容，有重点，有条理。

（3）C类听力评价细则，具体如下。

① 能重视听力角度的信息接收、处理，听取对话语言环境的话语。能保持一定的听力信息接收状态，对一般信息都能有兴趣和注意力，但是往往从个人的兴趣出发。

② 具备一定的听力信息处理能力，能够分析、概括、归纳信息内容，把握对方的思想感情。

③ 一般能概要复述听觉所接收的信息内容，重点有所突出，但缺乏条理性。

④ 能记录听觉所接收的内容，重点有所突出，但缺乏条理性。

（4）D类听力评价细则，具体如下。

① 能重视听力角度的信息接收、处理，虽能认真地听取对话语言环境的话语，但不能保持良好的听力信息接收状态，对一般信息缺乏兴趣和注意力。

② 具备一定的听力信息处理能力，但不能够及时、准确地分析、概括、归纳信息内容和把握对方的思想感情。

③ 一般能概要复述听觉所接收的信息内容，但重点不突出，缺乏条理性，并有较多的缺漏。

④ 初步能概要地记录听觉所接收的信息内容，但没有重点，比较混乱，并有缺漏。

2. 口头表述评价细则

（1）A类口头表述评价细则，具体如下。

① 有较强的即兴演讲和口头表达能力，精神饱满，感情充沛。

② 话题一致，观点鲜明，内容充实，条理清晰。

③ 思维敏捷、缜密，有一定的个性见解。

④ 有较强的语言活动环境应变能力，能准确地传情达意，语言清晰、连贯、得体。

⑤ 有良好的语姿，并能自如地借助一定的肢体语言传情达意。

（2）B类口头表述评价细则，具体如下。

① 有较强的口头表达能力，精神饱满，感情充沛。

②话题一致，观点鲜明，有内容，有条理。

③思维比较敏捷、缜密，有一定的个性见解。

④有较好的语言活动环境应变能力，能较好地传情达意，语言清晰、连贯、得体。

⑤有较好的语姿，并较好地借助一定的肢体语言传情达意。

⑥能运用普通话表述。

（3）C类口头表述评价细则，具体如下。

①有一定的口头表达能力，缺乏精神饱满，感情充沛。

②话题一致，观点鲜明，有内容，缺乏清晰的条理。

③思维比较敏捷，但不够缜密，尚能表现一定的个性见解。

④有一定的语言活动环境应变能力，语言基本能传情达意，语言较清晰，但不够连贯、得体。

⑤有一定的语姿，但不太自然，不过能借助一定的肢体语言传情达意。

⑥能运用普通话表述。

（4）D类口头表述评价细则，具体如下。

①仅仅是一种"读"或"背"的表述，尚缺乏感情的投入。

②话题基本一致，但比较混乱，缺乏清晰的条理，观点较明确，但内容不够充实。

③思维反应比较敏捷，但不够缜密，缺乏个性见解。

④语言基本能传情达意，但不够清晰、得体，语言不够连贯。

⑤有一定的语姿，但不太自然，甚至有些拘谨，肢体语言与传情达意不协调。

⑥能运用普通话表述。

3. 语文阅读现代文评价细则

（1）A类语文阅读现代文（课内阅读）评价细则，具体如下。

①能掌握一定的现代汉语基础知识、基本常识和各类文章作品的基本特征。

②能较好地运用规律性知识展开阅读、欣赏和评价。

③有一定的审美水平，并能在审美性阅读的基础上开展创造性阅读，有独

特的见解。

④ 能主动、积极地参与课堂阅读活动，课堂问答能反映出较强的阅读能力。

⑤ 课内考核阅读成绩达90%（即正确率）以上。

⑥ 有较强的现代文诵读能力。吐字清晰，语音准确，语速平稳，语势流畅，语调重音把握较好，诵读富有感情色彩。

（2）B类语文阅读现代文（课内阅读）评价细则，具体如下。

① 尚能掌握一定的基础知识、基本常识和各类文章作品的基本特征。

② 能运用规律性知识展开阅读欣赏，但还无法开展评价性阅读。

③ 有一定的审美追求，并能在审美性阅读的基础上进行创造性阅读探索。

④ 能主动积极参与课堂阅读活动，课堂问答能反映出较好的阅读能力。

⑤ 课内考核阅读成绩达80%以上。

⑥ 有较好的现代文诵读能力。吐字清晰，语音准确，语速平稳，语势流畅，能把握语调重音，诵读有一定的感情色彩。

（3）C类语文阅读现代文（课内阅读）评价细则，具体如下。

① 基础知识、基本常识和各类文章作品的基本特征的掌握还不够全面。

② 初步能运用规律性知识展开阅读理解，但还无法开展欣赏和评价性阅读。

③ 审美能力有所提高，但开展审美性阅读还是有一定的困难。

④ 能主动积极参与课堂阅读活动，课堂问答虽有较大缺陷，但能积极主动。

⑤ 课内考核阅读成绩达70%以上。

⑥ 有现代文诵读能力。吐字清晰，语音准确，但语速较平稳，语势欠流畅，把握语调重音有困难，诵读有一定的感情色彩。

（4）D类语文阅读现代文（课内阅读）评价细则，具体如下。

① 基础知识、基本常识和各类文章作品的基本特征的掌握还有较大的缺陷。

② 不能运用规律性知识展开阅读欣赏，只是停留在凭借直观基础上展开阅读理解。

③ 了解阅读也是一种审美，但不能开展独立的欣赏和评价。

④ 基本能参与课堂阅读活动，课堂问答有较多的错误，需要较多的启发。

⑤ 课内考核阅读成绩达60%以上。

⑥ 有现代文诵读能力。吐字清晰，语音准确，但语速不平稳，语势欠流畅，语调重音把握不好，诵读缺少感情色彩。

（二）高中语文教学发展性评价模式转型

1. 评价目的在于促进发展

评价的根本目的在于促进发展，其次才是有利于合理选拔。课程评价的根本目的是更好地促进学生、教师、学校、课程的发展，改变评价过分强调甄别与选拔功能、忽视改进与激励功能的状况。发展性评价理念强调发挥评价的促进发展的功能，认为评价不只是在教育教学过程结束时鉴别、筛选学生和教师的手段，它更应该是促进课程发展、学生发展、教师发展和学校发展的有效手段。发展性评价的理念也承认评价对象之间的发展存在差异，但它认为评价的基本目的不是检查课程、学生、教师、学校的发展状况或具体表现，鉴定出他们在群体中所处的位置，从而使评价对象之间的差异明确化、凝固化，而是要从这些差异的分析中去发现存在的问题与不足，发掘适合评价对象发展的教育方法，促进他们的发展和表现，让他们在现有的基础上谋求实实在在的发展。

语文学科具有"母语"的特殊性，导致在对新信息与知识学习的过程中，有部分学生掌握的速度甚至比教师还快。随着社会的不断进步与信息技术的高速发展，语文的知识量也得到急速增长并无限地丰富，以上种种原因，使原有的语文教学模式不得不做出改变。在教学方式上，从以前的单方面传授学生知识变成了以培养学生语文综合能力为主的教学，包括学生的创新精神、实践能力、心理发展等，都是为学生的终身发展做铺垫。除此之外，由于教学评价功能的统一转变，语文在教学的评价上也做出了一定的变化，在只检查学生知识掌握的基础上，更加关注学生学习知识与技能的过程。

事实上，评价的根本目的就是让所有学生都能得到一定程度的提高。对于高中语文学科来说也是如此，通过发展性的教学评价，能够激发学生对语文知识的兴趣与热情，能够让所有学生都取得一定程度的进步，最终得到全面的发展。具体的评价过程包括以下几点：一是通过深入了解高中生学习语文的过程，引导其进行自我反思，认识到自己的长处与不足，并做出改变；二是通过对高中生学习语文时遇到的困难进行诊断，帮助其自我调整学习的方法，教师也需要不断反思并改善自己的教学方式；三是通过评价，对语文学习上有所成就与进步的高中生进行鼓励；四是通过评价，使高中生形成正确的学习方式与习惯，用积极的态度面对语文学科，做到真正地认识自我，充满信心。其实不论什么方法，最终的目的还是促进学生发展。

2. 评价主体多元化与信息多元化

就评价的主体而言，需要注重评价的主体多元化和信息多元化，同时也需要加强学生的自评与互评。在此基础上，高中的语文教学发展改变了之前单一的评价模式，正式实施了多主体间的评价模式，一方面加强了学生、教师与学校之间的自评及互评；另一方面有利于深入了解家长和社会对于教师与学校教学活动的评价及意见。除此之外，学校应该设立多种途径与渠道来收集家长和社会的反馈，通过倾听与了解能够使评价成为真正意义上的交互活动。通过以上做法，除了能够丰富评价信息的来源使其结果更全面以外，还有利于学生或被评价者提升自我的发展能力，增强团队精神与合作能力。

语文课程作为三大主科之一，在学生的成长过程中具有重要的地位。因此，语文课程的学习计划与管理至关重要。首先，语文课程要以学生为主体，关注学生个体上的差异，做到因材施教，引导学生进行自评与反思；其次，教师需要改变之前教师单方面评价学生模式，鼓励学生与学生之间、学生与家长之间等都进行互相评价，只有这样，才能使评价成为多主体都参加的一种交互活动，来促进学生的发展；最后，在引导学生进行自评与互评的时候，需要不断地指导学生进行自我的调控与反思，来培养学生的责任感，使其学会互相欣赏，能够互相交流与学习。

就评价主体的多元化而言，通过主体的多元能够对教育资源做到充分利用，将所有的积极因素都调动起来，使评价者在评价过程中能够有效地进行指导与监控，引导被评价者接纳评价的结果，并不断做出努力与改变，最后取得进步，同时还能防止教学活动出现"真空"状况。

3. 评价对象关注过程

对于评价的对象来说，其也做出了一定的转变，由关注结果逐渐转变为关注过程。因为评价是一个有机过程，所以对教育教学活动的评价不应该只关注最终结果，它是伴随着教育教学活动而发生的。就高中语文课而言，提倡的也是以促进学生发展为基础的过程性评价，认为过分关注结果的评价不利于学生的发展与进步。总的来说，促进性的发展评价除了需要对结果的评价之外，更需要对过程的形成性评价。而最科学的评价方法就是通过对过程的关注来促进对结果的提高，以过程评价为重点，最终实现促进性的发展评价。

除了对评价对象关注的转变之外，还需要注意评价过程中的评价重心。新教育法规定，评价重心应该从过分关注学生成绩转变为关注学生的学习过程。在传统的教育中，决定教师对学生评价的往往是学生的一个答案，这样的评价方式使得学生解题的过程与思路都被忽视。最终会导致学生只注重结果而忽略过程，不利于培养学生的创新精神与探究能力，同时也限制了学生的思维性与灵活性，让学生形成错误的学习过程。因此，评价重心的转移至关重要，通过重心不断向学生的求知、学习、探究过程转移，来改变固有的评价模式。除此之外，还需要时刻关注学生学习过程中的每一阶段，深入了解学生的发展状况、做出的努力、取得的进步、遇到的问题等。只有这样，才能有效地对学生做出评价与指导，培养学生的创新精神与探究能力，促进学生的全面发展。

二、高中语文教学的发展性评价改革

1. 基础教育改革是国家整体改革的重要组成部分

当前的基础教育改革其实是国家整体改革的一个重要组成部分。2001年，国家的基础教育改革实际上是率先在国家整体教育领域启动的改革，基础教育改革是走在前面的，但是随着这20年课程改革的不断深入，特别是国家的不断发展，世界范围内的教育不断改革，在这样一个背景下，当前的基础教育改革是在整个国家教育改革深化的大背景下展开的，它是跟高等教育的改革、职业教育的改革相互呼应、相互配合的，这次高中课程的改革是一个系统的改革，会进一步调整、完善教育目标。从2017年版的课标来看，各个学科特别是语文学科重报了原来的课程内容体系的组织结构，形成以任务群为基础的新的课程、组织结构，当然我们的教学方式也因此在原来2001年倡导的自主合作探究的学习方式基础上不断地深化。考试评价改革从2003年高中进入课改以后，一直在探索。那么，这一次考试评价改革有了更明显、更大的一些变化，所以下面就高中语文教学的发展性评价改革的基本情况与走向进行阐述。

2. 高中课程改革是以素养为本的改革

整个高中课程改革是以素养为本的改革，对语文学科来说就是全面提升学生的语文素养，重新调整了课程的目标、内容结构、实施方式和评价要求。因为课程的变化产生了新的教学，也带来了新的高考。

（1）从2020年开始，教育部不再单独颁布各学科的考试大纲，我们可以依据课标考核，围绕课标提出的素养要求，整体设计课程、设计教学、设计考试，课程、教学、考试这三者就形成了一个紧密联系的整体。高中考试既要关注到学生过程性的发展，也要为高等教育输送人才、选拔人才提供必要的准备。

（2）2014年，国务院出台的《国务院关于深化考试招生制度改革的实施意见》不仅对考试本身提出了要求，还把考试招生制度的总体规划作为实现目标。例如，2014年，上海、浙江率先进入高中高考综合改革，首先是做招生制度上的改革。

（3）随着课标的不断研制、公布的过程，从2020年开始，我们的改革要进一步转为考试内部的改革，就是不仅在制度上要做文章，考试的题目、命制的方式、评阅的方式、分数处理的方式可能还要进一步改革。2020年实际上是我们按照国务院的要求去构建新的考生考试招生制度改革的重要一年，从现在开始要逐渐地去深化这个考试招生制度的改革。

（4）对高中而言，考试评价部分是"两个依据一个核心"。所谓"两个依据"，就是以课程标准为依据和以中国高考评价体系改革的文件为依据，但是不管以哪个为参照，它们之间实际上是相互印证、相互支持的，特别是2020年初由教育部考试中心以整个基础教育课程改革的指导思想为依据制定了中国考试评价体系的改革说明。基于课程改革的要求，对高考的评价体系做了一个更系统、更完整的构建和解释。对于各学科而言，这两个依据其实更多地集中在以课标为依据，因为在学科考试中，基于中国考试高考评价改革体系的这个总体设计，它是不分学科的。它是整个对高考的总体要求、总体设计，那么如何落实到学科里，还是要回到学校课程标准，但不管是去研读课程标准，还是去研读中国高考评价体系的文件，它核心突出的一个问题，都是以学科核心素养为目标、为依据去考察，所以当去讨论考试评价问题的时候，其实强调的都是一个核心——学生的学科核心素养的发展，对语文学科来说，就是指向语文学科核心素养的发展。

3. 一核四层四翼的评价体系

2020年初公布了一个评价体系，这个评价体系简单而言就是"一核四层四翼"。

（1）"一核"强调的是高考评价体系的功能。高考评价体系是要服务于整个教育，特别是基础教育，立德树人的总要求，它是为培养人服务的。考试评价只是我们教育过程的一个环节，它的总目标仍然是有利于培养国家所需要的符合这个时代要求的新人，所以在这样的总目标要求下，它的核心追求仍然是追求我们培养怎样的人，怎样培养人，在这样一个目标下，在考试评价体系里，高考是整个评价体系里的一个重要组成部分。高考和高中学业水平考试都是总结性评价、学业水平判断。两者又有不同，学业水平考试追求学生达到国家课程规定的合格水平的状况，高考是基于毕业的水平选拔更优秀的学生进入高一级的学校继续接受教育，为国家培养更多的优秀人才，它仍然有一个服务于高等学校人才选拔的要求。因此，它会比学业水平考试的要求更高：要求整个高考的设计要服务于人才选拔，考试评价作为结果性检查，会对我们的教学有促进作用，教师们都称之为指挥棒。所以这一次高考的评价体系的建构要特别突出，保持跟课程总体目标、总体要求的一致性，通过考试选拔的导向，更好地去引导我们的课程实施，更好地引导我们的教学，能够实现培养学生核心素养的目标，落实各个学科核心素养的要求。我们会看到从这个意义上，就保证了考试评价作为教育整个过程的组成部分与整个课程实施紧密衔接。那么在考试内容上怎么规划？因为要选拔适合进入高等学校，能够进一步深造、进一步培养的优秀青年，所以追求的是考哪些内容才能体现这样的要求。

（2）所谓"四层"是逐渐增加、逐渐聚焦的整个内容结构。

① 就外层而言，要考学生必备的知识。知识实际上是人解决问题最重要的基础，知识是素养的重要组成部分。知识考查是必需的，特别强调要考查学

生必备的知识。同时要更多地聚焦到关键能力和学科素养上，通过这个必备知识、关键能力和学科素养的考查去更进一步地考查学生的核心价值观念。整个课程要体现基础性、综合性、应用性和创新性这四个基本特征。那么，基于考试评价体系这样的总体设计，在考查的重点上其实是有变化的，跟以前的要求有所不同。其必考知识是考查学生在长期学习过程中积累起来的基础性、通用性的知识。这就提到了我们各个学科的具体的试卷，它考查的知识当然会关注到学科的基础性，但是它的基础性不只是学科的基础性，更是终身发展的基础性。因此，它涉及所学学科知识部分就必然体现后面说的综合性，在考查学科的素养、关键能力的时候，要求学生运用知识解决问题，知识本身就不再是孤立的学科的概念，而是整合联系的知识结构，关注的知识不仅要关注基础性，也要关注通用性，也就是在各个学科中能够发挥关键作用的那些基础知识。所以考查关键能力就特别强调要考查学生运用知识解决问题的能力。

②通过运用知识解决问题的这个过程考查学生的独立思考、分析问题、解决问题、交流合作这样一些适应未来社会不断变化的关键能力，这些能力对学生而言，也是进入大学深入学习所必需的，它特别强调考查学生应用所学知识解决问题的能力，通过这种能力来考查学生的思维水平，考查学生分析问题、解决问题、独立思考等能力。因此，在各个学科考查中，聚焦到学科的核心素养上，要求学生能够在不同的任务情境下，综合利用所学的学科知识和技能去处理复杂问题，来体现学生的学科素养。

③学科素养是人在长期的学习实践中积累起来的一个关键能力、必备品质和价值观念的综合体现，素养本身其实是综合的，素养是要通过它运用已有的知识经验去解决问题的过程中所体现出来的必备品质、关键能力和价值观念。要考查素养，一定是在综合的情境下，通过学生在解决相对复杂的任务情况下去呈现能力品质来判断它现在的状况，所以考查素养成为高中评价特别是高考改革的重点。当然，通过素养的考查，不仅要呈现学生能够解决问题，还应该呈现学生能够正确地解决问题，要通过学生素养的考查，通过学生运用知识解决问题的过程的考查，去考查学生是不是具备了正确的价值观念，所以它的考查内容的"四层四翼"就是通过这样不断地聚焦的过程体现出来的。

4.评价指向素养

（1）回到语文学科，我们在整个高考改革这样一个大背景下，无论是高考的终结性考试，还是为了实现学生素养发展所进行的过程性评价，都要指向素养，语文学科的素养强调多个方面，即语言建构与运用、思维发展与提升、审美鉴赏与创造、文化理解与传承，这些方面是不可分割的一个整体。学生的素养其实是基于学生在运用语言过程中所形成的思维品质的价值观念，文化积累、审美特征所体现出的综合品质。之所以这么强调，跟语文学科的语言文字自身的功能是相关的。众所周知，语言是人类最重要的交际工具，但同时需要强调的是语言作为一种人类认识世界、解释世界、理解世界的工具，彼此交往的工具，它不仅是在听说读写层面表现出来的这种知识技能，其本身也是人的思维的工具，就是人们认识世界、理解世界，是要对这个世界不断建立感受体验，形成对这个世界的概念与判断。

词是概念的基本表征形式，句子是帮助学生建立判断。学生在通过语言与人交流、认识世界、分享思想时，就获得了对这个世界的基本概念、基本思维方式。掌握语言就是掌握了交际工具、思维工具，也是获得文化的重要工具。语言本身就是文化，是文化的产物，同时语言又是文化的载体，我们要获得人类文化，特别是本民族的文化，是通过掌握本民族的语言实现的，所以学生获得语言的过程，就是一个发展思维的过程，就是一个实现文化理解、文化传承的过程。

（2）语言本身也是审美工具，所以通过学习语言，掌握语言这个工具，去发展思维，去提升审美，去获得文化。语言的发展和思维的发展、审美的发展、文化的发展是密不可分的。当作语文评价的时候，外显的内容是考查学生的语言材料的掌握和语言材料的运用。在考查学生的语言理解和运用的过程中，考查学生听说读写的过程中，实际上也在考查学生的思维水平、文化程度、审美状态。当我们在高中课标中解释语文素养的时候，特别强调学生这样的素养是在积极的语言实践中积累并建构起来的，并且在真实的情境运用中表现出了那些关键的语言能力、语言品质，是学生获得语言知识与能力、思维方法、思维品质、情感态度和价值观点的综合体现。之所以这样强调，实际上就进一步解释了素养形成的机制，也为素养的培养和素养的考查提供了明确的指向。

（3）在对语文学科核心素养的界定过程中，先强调语文素养是在积极的语言实践活动中积累建构起来的。当我们去培养学生的语文学科核心素养的时候，不能离开对学生语言运用过程的设计，要引导学生通过积极主动的语言实践过程去建构他的语文学科核心素养，同时在评价这个角度，我们通过学生在真实的语言运用情境中表现出来。所以，当我们去考查学生的语文素养的时候，需要设置真实的语言运用的任务，通过具体情境中的具体任务来体现学生的语文素养水平。当我们去考查学生素养的时候，可能跟以往直接考查知识本身是不同的。过去20年，语文的考试评价从直接考查知识本身转向考查能力，就是考查学生运用知识的水平。随着新高考的不断深化，整个考试评价都进一步指向学生在运用语言的过程中体现出来的综合性品质，进一步考查运用知识去解决问题过程中所体现的思维特征、文化理解、审美品位、思维能力和思维程度。

（4）当考查学生素养的时候要设置情境。高中语文课程标准已经对情境做了一个初步的归纳，语言用的情境在高中语文课程标准里被描绘成三大类，在生活情境中运用语言来交际，是真实的生活情境，这是一类语言运用的情境。第二类就是学生运用语言去实践个人体验跟认知的情境，我们叫作个人体验情境。第三类就是在学科领域内围绕语文的文学性展开的学科探究，我们叫作学科实践情境。所以，当去讨论素养评价的时候要关注这三类情境，这样，语文的三类实践活动才能有一个具体的展开背景。

（5）在高中阶段，语文实践活动可归纳成三大类：①阅读鉴赏。通过书面语言获取来理解世界、分析世界，去获得对别人思想的认知，对别人语言的分析，所以阅读与鉴赏的实践是一个大类。②表达与交流，包括口头到书面，口头在过去我们称为听说。听说有两种技能，在2001年课改之后，把过去的听说读写里的听说改成口语交际，这更多的是强调语言的互动。实际上，我们在高中阶段进一步强调的是这种语言的互动性、交际性，强调的是用语言表达交流，它不仅包括口头的交流，也包括书面的交流。③梳理与探究，就是人们运用语言、掌握语言的过程，言语经验本身是逐渐积累的。

　　无论是言语知识还是言语能力，本身都需要相互联系。我们现在常常说一个学生的知识的结构化，就是当人的经验彼此不能够相互联系，不能够有效地组织在一起，第一是经验没法存储，记不住。第二是经验没法去应用。我们获得知识不仅仅是为了存储，其实也是为了应用，所以当去获得经验的时候，这个经验一定要有系统的组织，那么怎样实现这样的系统梳理探究其实是学生实现自我经验，实现"自己的"经验和"他人的"经验之间的联系，去创造新经验的一种基本的过程和手段。通过对已有经验的梳理，"自己的"经验与"他人的"经验关系的整理，去不断地发现言语经验内部之间的联系，去创造自己的新经验。当我们去考查学生语文素养的时候，其实是要基于三大类情节，以这三种活动为基础来设计我们的教育活动，同时也是我们的评价活动。

5. 评价要关注基本的语言运用情境和基本的语文实践活动

　　（1）从我们分析的目前高考已经出现的趋势可以看到，实际上考试题目里的综合性题目往往都是设计情境，通过特定情境来帮助学生运用语言解决问题，考查的是学生在阅读鉴赏、表达交流、梳理探究这样的基本的语言活动中所体现出来的必备品质和价值观念，也就是其素养。所以我们现在在思考新的课程、新的教学背景下怎么去开展评价的时候，无论是设计这种终点性的（学业水平考试），或是准备选拔性的高考，还是我们在学习过程中去组织过程性的评价，都要关注这样三个基本的语言运用情境和三类基本的语文实践活动。这里还要特别补充，我们在高中教育阶段，特别在意高考，这当然是对的，因为它是最终的总结性评价，是结果的判断。但是大家知道任何一个结果都是逐渐积累的，所以学生的这个终结性评价的表现是通过高中三年培养所实现的产物，但是培养过程不是一下子就实现了那个最终结果的。因此，为了帮助学生达到最终的结果，在每一个学习过程中都要关注过程性、形成性的评价，看看学生的素养。我们要通过评价过程来帮助学生去实现自己学习活动的改进，帮助学生更好地获得学习的反馈来改进学习。在高中评价的时候比较多地强调高考这一变化，课程要求的变化，其实我们要把两者结合起来，要把它放到一个既包括形成性评价也包括终结性评价的这个连续的评价过程中去思考整个高中评价，思考评价改革的积累要求，在这样的背景下，高中语文的学业评价都要强调基于真实的语言运用情境在具体的语言活动中，才能考查学生的核心素养。

（2）通过阅读鉴赏、表达交流、梳理探究来具体呈现其素养表现的优劣，无论是评价还是考试，在基本特征上是一致的。一个高水平的准备考试的过程，绝不是把教学过程和评价过程相分离，也不是把教学过程变成一个为了评价而不断去练习习题的过程，而是应该把评价过程和培养过程结合在一起，在培养过程中不断地促进学生素养的形成，并通过培养过程中的形成性评价来检验学生的核心素养的形成，最终为我们终结性评价、学业水平考试和高考学生素养体现提供一个基础与准备。为了更好地培养素养，对高中的课程内容结构做了比较大的调整，改变了过去以文体知识为纲，或者以语文的语言知识、文学知识为纲，或者以听力语言训练为纲这样的一个课程结构，课程内容组成了以素养为纲，以真实的语言运用情境为基础，以学生的语言过程实践活动作为文本知识和语言训练的途径，将其作为整合在一个完整的任务群过程中的课程结构，就是语文学科的学习任务群。之所以设计学习任务群，就是要让学生在不断地积累语言经验、不断地运用语言解决问题的过程中去提升素养。因此，这个教学的过程和评价的过程，才能有机地形成一个整体。为了高中学业水平的进一步改进，我们做了调整，特别是在课标的修订过程中也做了大量的工作。

6. 学业质量为评价提供了依据

（1）需要强调的是，2017年版的课标和2003年版的课标，最明显的不同就是增加了学业质量。这一部分其实是对核心素养具体化的标准，通过学业质量的研制和标准，可以使我们更清楚地去培养学生的素养，更好地提高教学的深度和广度。其中最重要的是通过学业质量标准，为过程性评价、阶段性评价、学业水平的考试和高考提供依据。学业质量标准很明确地描述了高中各个阶段学生的学业应该达到的基本水平。学业质量标准的建立给高中的整体教学和评价提供了基本参考。它是教的依据，学的依据，也是评价的依据，它是把学科学生的素养和素养表现作为基本维度，结合课程内容，具体勾画学生在完成本学科的学习之后，应该达到的素养水平。

（2）对语文学科而言，高中的学业质量标准分为五级水平。一级、二级是针对必修阶段而言的，是学生必修阶段的素养要求。换言之，二级水平也是我们高中学业水平考试学生必须达到的基本水平，意味着学生高中的学习达到合格。同样，四级水平涵盖了一级、二级所指向的高中必修课的内容和高中选择性必修的内容。实际上，四级水平是高考命题的依据、高考录取的依据，所以学生要达到高考的选拔状态应该在二级水平以上，在四级水平里去找到它应有的学业质量的要求。五级水平其实是对语言文字文学有兴趣的学生提出的比较高的要求，同时属于选择性必修基础上选修指向更深入学习的一个引导，就教的意义而言，选修课定位实际上追求学生从四级水平走向五级水平。

（3）考试评价实际上是自主招生在进入语言文学这一类的专业领域，如新闻、传媒、文献考古等这样一类专业领域所需要的基本素养。实际上对高中阶段而言，五级水平可分为三段，一段是合格要求（一级、二级），二段是三级、四级，对高中选择性必修的课程要求，四级是高考命题的参照依据。五级是对进一步拓展和加深的学生提出的学业要求，同时也可以作为自主招生的参照。所以建议无论是从命题人的角度还是从教学的角度，教师都需要认真去研究高中课程标准的学业质量标准，并研究相关水平的规定。

7. 如何评价学生素养

（1）评价学生素养，就要考虑到学生的素养发展是有一个形成进阶的水平。在素养进阶评价上，可以看到在必修阶段、在选修阶段的教学里，我们不断地对学生做的基于学生学习表现的过程性评价，其实是为实现高中毕业的学业水平考试的阶段终结和高考这个高中阶段大的终结做准备的，每一阶水平和这个考试评价是相互关联的。当我们去强调这个评价的时候，每个阶段的学生都是不一样的，追求的是学生逐渐向高水平发展，所以要特别注意过程性评价，因为过程性评价是以学生的过程表现为依据，通过这样的过程表现来发现学生哪些地方做得好，哪些地方做得不好，可以帮助学生进一步改进和完善他的学习，去提升素养。所以，评价学生的高中学业质量一定要注意这个过程是连续的，不能只关注终结性的高中选拔性评价。

（2）高中学业质量在刻画的时候，关注的是将语言建构与运用、思维发展与提升、审美鉴赏与创造、文化传承与理解的关键性表现提出来，围绕这些关键性表现来看学生能够达到的水平。我们就以这个语言建构与运用为例，语言建构运用的关键点就体现在学生语言的积累水平和语感水平。第一个要点就是学生语言学习，简言之，掌握的语言材料越多，语言水平越高。大量地掌握语言材料对学生而言是实施素养的一个很重要的基础。学生掌握语言材料的多寡也是区分素养表现的一个很重要的条件。第二个要点是对语言的敏感性，就是大量地掌握语言过程中，对语言的语义，对语言关系，对语言的组织结构、语言的对象和情境关系的敏感性，这是语感的问题。学生对语言的敏感性既包括对语音、文字的词汇、语法的敏感性，也包括学生运用语言过程中对语言交际情境、交际对象、交际场景和交际策略选择的敏感性。其实，学生获得的语言经验需要整合，形成特定的语言结构，这样的语言才能够运用。那么，当去判断学生语言积累水平高低、语言建构水平高低的时候，很重要的就是结构化水平。在有积累、有语感的基础上，不仅要知道学生语言积累的语言能不能联系，还得看联系的融合，调整理顺就是语言的规律。当我们去考查学生的语言建构运用水平的时候，要关注的是积累与语感、整合与语理、交流与语境这几个方面，学生的表现程度、表现水平和关联程度。

（3）在评价学生的语言素养的时候，在语言建构运用的过程中，通过多个方面评价：当我们去考查学生的语言建构的时候，就会关注学生是不是掌握了比较丰富的语言材料和原有活动经验。这是知识技能层面。能不能有良好的语感，关键是能不能在材料之间建立有机的联系，能不能理解和掌握语言规律，这就是整合语理。更重要的是，能不能根据具体的语言情境和不同的交际对象表达交流，能不能在特定情境下把具体的语言文字作品放在特定的历史背景或者文化背景或者交流情境中去理解、分析、评价，这是语言运用的重点。还有就是学生能不能通过梳理整合，把语言材料和所学的语言知识结构化，把语言经验转换成语言方法策略，能够在语言实践中运用。这三者之间是相互衔接的一个整体，是一个循环的过程，它们之间形成一个整体，而这个整体的要求会体现在评价的过程中。我们平常要看学生是不是达到了这些要求，但是在新课改背景下，在强调语言知识的时候，不仅要理解知识，还要进一步理解知识类型。

（4）就现代知识角度而言，传统上的知识叫作陈述性知识，或者叫事实性知识，其只告诉我们觉得"是什么""是什么样"和"为什么是"。有了这些知识还不够，因为要真正用语言不只是知道"是什么""是什么样"的，还得知道"怎么干"。过去我们叫听说读写，有一部分知识是程序性知识。但是这些知识仅仅掌握这两个方面还不够，因为学生得知道在哪些情况下怎样用才能真正实现语言的运用与交流，所以这里就涉及运用策略。在过去的语文教学中，这些知识往往是教师凭借自己的经验去教，课程里是没有的，而这些知识要转化成学生的知识，就一定要在情境中。

当然，只有这些知识还不够，学生要知道这样做是不是对的、是不是好的，然后自我审视，自我反思，自我调控，自我改进，叫元认知经验，这四类经验是可传递的经验。这些经验要变成学生的素养，一定要给学生一个语言运用的情境。当我们在语文教学中去教知识的时候，不仅要调整我们的知识系统，还要看我们的知识是怎么教的，在课程标准里，学业表现把这些整合起来。课程标准谈到的语文学业质量表现，在语言建构积累和语言运用的这个部分，是把前面说的积累与语感、整合与语理、交流与语境这三组关键词作为基本，来刻画学生在高中阶段不同水平上的那些关键表现。例如，要求学生有主动积累的意识，到了水平二，就要求学生具有主动积累的习惯。稳定的行为方式就是要用多种方法去整理自己所学的语言材料，而且能够发现它们之间的联系。当然，在语感这个层面里也是有差异的，水平一只要求能注意语境和交流的关系，能够根据具体的语境去理解语言，凭借自己原有的语感和积累去调整自己的语言表达。水平二要求凭借语感能够结合具体的语境去理解重要词的隐含意思，能够体会词语所表达的感情，能够发现语言运用中比较明显的错误。到水平三，不仅要求学生发现问题，而且要结合具体语境去分辨词义和情感上的细微差别，凭借语感去推断和比较复杂语句的意思，能够体会重要的词在语言环境中的意义和作用，能够根据具体的语境表达的目的要求用口头和书面语言，文从字顺地表达自己的真情实感。到水平四，要求学生能够敏锐地去感受文本和交际对象的语言特征与情感的特征，要迅速地判断其表达的正误和恰当程度，要察觉言外之意和隐含的情感倾向，能够根据具体的语境和表达的目的、要求运用口头与书面语言，文从字顺、准确生动地表达自己的真情实感，所以这一段比水平三又上了一个台阶。

上述强调，不仅是要敏锐地发现语言的特征，而且要做出迅速的判断，判断出恰当程度。高考中，在这样一个有限的时间里做出迅速的语言判断，这是高水平的表现。所以在测试学生的语感水平的时候，实际上是以这样的一些特征作为表现的。

第五章

高中语文教学评价监测的趋势研究

第一节　高中语文课堂教学的学科优化及评价

一、高中语文课堂教学的学科优化

（一）以学生为中心

学生进入高中阶段，已经具备较强的自主学习能力，对于一部分语文学习内容，学生完全可以独立完成。所以，教师在语文授课过程中要以学生为中心，教师不是课堂的"主角"，而更多的是扮演"领路人"的角色，要引导学生学习，对学生进行指导，解答学生学习过程中遇到的问题，同时要教给学生实用的学习方法，培养学生自主学习的能力，提高学生的学习效率。对于重点或难点的知识，教师可以提供类似的材料供学生学习，让学生做到举一反三，让学生学得更扎实和牢固。

（二）教学要有针对性

教师要根据授课内容和教学目的选择不同的教学方法。以古代文学教学为例，教师要以传递知识为主，学生先要了解和学会古代文学的相关知识，这样才能读懂古代典籍，学习我国的优秀文化，再培养学生的自主学习能力，进而提升他们的鉴赏能力。以现当代与外国文学教学为例，要以培养学生的阅读理解为主，同时还要让学生与文学作品产生情感共鸣，利用优秀的文学作品提升学生的阅读能力。教师可以通过专题的教学方式进行阅读与作文的教学，有针对性地提高学生阅读与写作的能力。

（三）注重学生综合能力的培养

语文知识是学生的基本学习内容，教学还要培养学生的学习能力，语文知识的学习不是目的，学习能力的培养和提升以及学习方法的应用才是教学的目的，学生只有具备了学习能力和掌握了学习方法才能进行自主学习。学生能够充分全面地了解语文这一学科，吸引学生积极主动地学习，培养学生的兴趣，使学生的语文学习能力得到显著提高。语文学科是基础学科，学好语文对于其他学科的学习有很大的益处，学生语文学习能力得到提升后，他们的阅读、理解和思维都得到了提升，有利于其他学科的学习，学生的综合能力也得到了提升。所以，教师要对语文课堂教学进行科学优化，通过语文教学培养和提升学生的综合能力。

二、高中语文课堂教学评价语言运用

（一）增强教师自身语言修养

课堂教学语言是教师和学生交流的纽带，教师可以利用它传递知识，教师和学生可以利用它进行交流。高中语文课堂的教学语言具有学科性和科学性的特点。教学语言要有针对性和教育性，根据不同学生的特点，要选择不同的教学语言，语文学科要具有人文性，教学过程中要符合教学逻辑和保证准确性。高中阶段的学生具有很强的抽象思维能力，高中语文教师要更多地选择抽象的词语进行授课和交流，对学生起到引导的作用；教学语言要有启发性，教师在备课过程中要反复推敲和认真组织教学语言，教学语言要鞭辟入里、简明扼要，能够启发学生学习，让学生产生联想；教学语言要有引导性和平等性，在语文课堂上，教师与学生是平等的，教师要尊重学生，给予学生更多的话语权，让学生与教师进行平等交流，鼓励学生大胆地提问，勇敢地发言。

（二）提升课堂评价语言艺术

教师应多用激励性评价语言，激发学生参与课堂活动的积极性。但是，激励评价不是只对学生进行表扬，对他们的错误视而不见，而是平等地对待每一位学生，对学生的课堂表现做出准确而真实的评价，形成一种良性的课堂互动。在评价中也要有批评，教师要善于抓住时机，适时地指出学生的不当之处，同时表达教师的要求和期望。在课堂教学中，教师灵活多样、生动丰富的评价可以使学生感到欣喜，整个课堂充满勃勃生机。教师的评价语言需要根据具体的反馈和当时的情境以及学生的个性特征，进行独特创新的评价。

（三）掌握课堂教学沟通技巧

1. 端正师生沟通的态度

当学生和教师有不同看法时，教师不妨宽容以待，对他们多加鼓励。当学生的意见出乎教师意料时，教师应该静下心来仔细倾听，认真分析学生意见后做出适合的评价，并耐心引导。当学生不能回答问题时，教师不妨给予鼓励，注重育人。

2. 掌握有效沟通策略

其主要包括：第一，学会倾听。倾听不仅体现对他人的尊重，还能有效地促进沟通。第二，尊重学生。教师维护学生内在的自尊需求，将增强他们的内在学习动机。第三，善于赞美。在课堂教学中，教师对学生进行赞美时，应着重于学生的行为本身而非人格。赞美应该是对学生的努力予以肯定并表示欣赏，从而让学生自己对自己做出评价。第四，强化应变。教师应不断加强学习，提高临场语言的应变能力，当课堂发生突发情况时，能凭借机智的语言巧妙地化解问题。第五，把握好度。教师的课堂评价语言应把握好尺度、温度和效度。把握好尺度，就是要针对不同的学生使用不同的评价语言；把握好温度，就是要用饱含深情的言语来渲染课堂气氛，创设富有感染力的课堂环境；把握好效度，就是要把握住评价的时机。

（四）把握评价的契机与手段

1. 超前评价

超前评价具体指教师对学生做出的评价要比学生实际的表现略高。超前评价要适当地提高评价，但是不能没有根据地胡乱拔高评价，从而起到鼓励学生的作用，让学生在课堂上积极表现。

2. 即时评价

即时评价是一种定性评价和生成性评价，是过程性评价的一种。教师通过与学生进行平等的交流，对学生在课堂上的表现进行客观评价，同时对其行为进行引导和启发。在课堂教学过程中，即时评价是教师经常使用的评价方式，它最迅速且最直接，影响着学生在课堂上的表现。

3. 延时评价

延时评价是指事后对学生的表现进行评价，不是及时地对学生的观点或者行为进行评价，让学生自由发挥。延时评价能够为学生提供展示自我的空间，他们的思维不会受到教师的左右，学生凭借自己的能力去思考和解决问题，能够培养学生的发散思维和独立思考的能力，同时课堂气氛也更加和谐，有利于学生的思考。

第二节　高中语文课堂教学教师决策与评价

一、高中语文课堂教学教师决策的基本原则

（一）目标导向性原则

语文教学和语文课程内容具有独特性，在语文课堂教学过程中，教师通过引导学生理解教学课本进行阅读教学，通过引导学生表达思想进行写作教学，对文本的理解主要包括文本中的语文知识、赋予的情感，以及深层次的思想观念、审美倾向、价值观和人生态度等。语文课堂教学的目标就是理解文本内容，教师以文本内容为基础设计问题，教师引导学生思考并解决问题，学生通过解决一个又一个问题达到理解文本的目的，将新内容与自己学过的知识联系起来，实现能力的提升。语文课程具有人文性，这使学生对文本的理解是不确定的，每位学生对文本都有自己的思考角度，都有自己的理解。优秀的语文教师在授课过程中要有明确的目标导向性。

（二）适切可行性原则

在语文课堂授课过程中，教师要根据学生整体的学习水平进行决策。教师要以语文学科的特征为前提；要充分认识到每个学生的特点和学生之间的差异；教师的决策能够引导学生认真思考和深入学习，增加师生之间和生生之间的沟通与交流；能够提升学生的学习能力；能够调动学生学习的积极性，让学生积极主动地学习，快速地进入学习状态；能够开拓学生的思路，培养学生发散思维的能力，进行深层次的学习；能够通过训练提高学生的学习能力，培养学生的人文情怀，让学生产生共鸣；教师的决策还要根据教学需要创造合理的

情境，让学生在情境中学习，这样能够培养学生的兴趣，让学生产生好奇心，更主动地学习，从而提高教学质量和学生的学习效率。

（三）艺术创生性原则

高中语文课堂教学决策由语文教师对语文教学的认知所决定，由学生的情感、思维、德行和审美等多种因素决定。优秀语文教师的教学决策具有创生性、艺术性和技术性。课堂教学审美具有操作化、具体化和通俗化的特征，语文教师从艺术的角度去理解、把握和实施课堂决策，能够体现语文教师高层次和高水平的教学境界，就像艺术家进行艺术创作一样，在课堂上创造艺术氛围，有利于学生的学习和能力的培养，教师和学生共同享受课堂教学的整个过程，语文教师也因为自我价值的实现而感到骄傲和幸福，有利于提高教学质量。

二、高中语文课堂教学教师评价的构成要素

（一）专业理念评价

所有的语文教师都要学习先进的教育理念和保持端正的教学态度，要终身学习。教育理念即关于教育方法的观念，是教育主体在教学实践及教育思维活动中形成的对"教育应然"的理性认识和主观要求。高中语文教师要想做好教学工作，一定是以掌握先进的教育理念为前提的。从语文教育理念的角度对高中语文教师进行评价，具体如下。

1. 以培养学生语文核心素养为目的

高中学生通过认知方面的揣摩体悟、潜移默化和感染熏陶来提升语文素养。语文教师只有将自身的语文素养提升，才能传道、授业、解惑，锻炼学生自主学习的能力，培养学生语感和文体感，提高学生控制语言的能力，还要致力于培养学生树立正确的审美观念。

2. 学会"用教材教"

语文教师要培养学生的学习兴趣，调动学生学习的积极性，让学生能够主动地学习，享受学习语文的过程。"用教材教"具体指教师要以教材为基础进行教学，但是又不拘泥于材料，根据学生的特点和学习能力，通过拆分和组装的方式将教材的知识灵活应用。

除此之外，语文教师传授知识最基本的工作，是通过自身的道德修养来感染学生，培养学生高尚的道德情操。语文教师评价要跟紧时代的步伐，所以高中语文教师要终身学习，根据时代的变化和要求，填补自己的短板，补充自己的知识，这样才能适应时代的发展，才能更好地传授知识和培养学生。

（二）专业知识评价

语文是利用语文知识培养学生语言、思维和审美能力的课程。语文学科的本质属性是知识性。语文是中华民族智慧的结晶，包含民族情感和民族思想。所以，高中语文教师要有深厚的语文功底，学校要对高中语文教师进行严谨和科学的专业知识评价。评价依据包括以下三个方面。

1. 语文学科知识

语文学科知识是语文教师从事教学应具备的专业基础知识。高中语文教师必须要准确掌握并精通高中语文学科知识，才有可能花更多的时间与精力去设计教学。

2. 语文课程与教学论知识

这是高中语文教师必须具备的专业原则与方法知识，具体有课程设计、课程性质、教学方法和教材编制等方面。除此之外，还要学习心理学知识和教育学知识。

3. 其他知识

其他知识主要起到提升作用，如美学、哲学、民俗学和历史学等。高中语文教师只有掌握了学科之间的内在联系和逻辑关系，才能拓展自己的知识面，搭建自己的知识结构，开展多种多样的教学活动，开阔学生的眼界，使学生学习更多的知识。

（三）专业能力

高中语文教学是师生在真实的人际关系中共同面对语文学科知识，共同担当责任的多元互动的学习与发展活动。高中语文教师不仅要在专业上成为权威、引领者，还应成为一个多面手，使学生在享受学习乐趣的同时，为终身发展做好准备。高中语文教师专业能力评价可以突出展现教师的综合素质，是教师提高教学成效的重要保障。学校在对高中语文教师进行评价时，应从以下几个方面的专业能力进行评价：第一，语言表达；第二，思维沟通；第三，审美鉴赏；第四，文化传承。

综上所述，专业理念是方向，专业知识和专业能力是根本。高中语文教师若没有专业理念的指导，教学时就没有重点。高中语文教师若专业知识和专业能力不扎实、不健全，必然导致学生学习主动性、积极性不高，教学内容难以使人信服，高中语文教师在自己的教学岗位难以站稳脚跟。因此，高中语文教师要将专业理念、专业知识、专业能力进行合理转换，灵活应用于教书育人中。高中语文教师评价理应如此，要权衡三个维度之间的轻重，从而达到高中语文教师评价的最终目的。

三、高中语文课堂教学教师评价的质量标准

(一) 课堂评价的时机与方法

语文教师课堂评价由多项子因素组成，在课堂评价过程中，一般不会只局限于某一种的评价，它可以是以一种评价为主、其他评价为辅，或者是多种评价相结合。

1. 课堂评价时机

教师及时并准确的评价是对学生学习情况的表态，是教学进一步深入的导向，是对学生学习兴趣的提升。这样的课堂教学评价能真正唤醒学生学习的主体意识。对于不同的学生，教师应该抓住时机，提供多角度、多层面的评价信息，以鼓励学生实现对自己的超越。教师给予鼓励性的评价，可以让学生放松心情，逐渐变得积极。当学生胆怯时，教师的课堂教学评价更应把握时机，给学生多提供回答问题的机会，即使回答得不正确，也可以在纠正问题过程中对回答的闪光点进行适当的表扬。这样的评价可以让学生发现自己学习的潜力。所以结合课堂教学实际，把握评价时机，课堂便会生机勃勃，散发出别样的光彩。在教学评价中，教师应该对学生给予更多的呵护。

有时课堂评价需延时，有时可能还得进行二次评价。在课堂教学中，教师应对学生发表的不同意见进行恰如其分的评价。对于不同的学生，教师应该抓住时机进行不同的评价，并提供多角度、多层面的评价信息。而对于有些学生

的发言，不能过早地给予评价，可适时适度、机智巧妙地运用延时评价，留出充裕的时间，给学生一个自由的空间，让学生在宽松和谐的学习氛围中畅所欲言，以获得更多的灵感，从而使学生的个性思维得到充分的发展。

2. 课堂评价方法

教师如果具有先进的教学理念和良好的业务素质，并且掌握较好的课堂评价方法，那么他的课堂在很大程度上是有效的。课堂评价是随机的，更应是艺术的。故课堂评价的方法也可以称为课堂评价的艺术。例如，教师可以对学生已掌握的知识内容、技能水平以及情感等诸方面给予评价。这种评价方法是对传统评价（只关注掌握知识的多少）很好的反转，体现了一种全新的教学理念。教师还可以用委婉的问句，引导点拨学生，但不给予学生现成的答案，允许学生有不同的意见，且注重学生的思维过程。可以采用"追问"的方式，指导学生继续思考作答，这样不仅让学生知道了这个问题如何作答，而且逐渐学会如何学习。诙谐幽默的评价语言也可以恰到好处地推动教学过程，使教学信息的对话风趣而高雅。在语文课堂教学中，学生的主体地位如果能得到充分的尊重，可以更有效地促进学生的全面发展。

（二）课堂评价质量的考量角度

1. 外显即时反馈

教师在进行课堂评价时，可以适当地观察学生的反馈信息，注意语言神态上的表现，这样可以让教师更好地判断课堂评价的直接效果，由此可以推断此时评价的质量。例如，有些教师对学生要求很严，字要求写端正，作业要求整齐；字写不端正的，作业不整齐的，要重做。这时学生可能有不同的反应：有的赶紧重新开始书写；有的态度比较怠慢，找借口待会儿再做；有的也许和教师的严格要求发生冲突等，这些外显的即时反馈，可以较好地反映出教师课堂教学评价的效果，以及这种评价带来的各种教学影响。

2. 外显延时反馈

在课堂评价时，教师有时可能无法马上得到学生对于评价的反馈信息，但是可以通过与学生在课堂外的交谈等方式了解评价的效果，这种延时反馈也非常重要。例如，高二年级的一个学生，学习成绩在班级上很差，他对学习的态度也很消极。当时教师就把他列为重点关注的对象，从各个方面调动他学习积极性，想方设法帮助他树立学习的信心，尤其是在上公开课时，老师有意识地把相对来说难度不大的问题抛给他，这位学生有点惊讶，又有点羞涩，最终做出了积极的回应。在教师激励性言语评价的鼓舞下，他开始尝试思考。在以后的周记中，这位学生提到那次老师的关注让他感到了自己的存在，原来他没有被放弃。所以，他一定尽自己最大努力好好听课，参与课堂。这就是比较典型的外显的延时反馈，一开始这位学生可能和平时没什么区别，但从以后学习生活的接触和交往中，老师和同学都发现他有了微妙的变化，而这种微妙的变化正是教育者所期待的，也正是公开课时教师的言语和体态评价所带来的积极的效果。

3. 内隐情感变化

课堂评价对学生的情感具有刺激影响，刺激强度较大的课堂评价，如果是正面的，那它带给学生的是积极健康的情感态度、价值观的变化；反之，则可能带给学生长期的负面影响。所以，教师的评价关乎学生的情感态度、价值观的健康，而对教师评价的检测更显得必要。尤其是教师评价所引起的学生内隐的情感变化，更是值得教育者高度关注。而这种学生内隐的情感变化有其独特性，它需要教育者的细心、耐心和恒心。比如，氛围轻松的座谈，各抒己见的讨论，让学生内隐的情感变化自然地浮出水面，主动地与他人交流，从而为良好有效的教育提供第一手材料。

4. 内隐情趣反应

学生在高中的学习生活中，教师的课堂评价可以对学生的情趣产生潜移默化的影响。《学记》中提道："亲其师，信其道。"教师的言行、爱好关系着学生认知中最积极、最活跃的因素，而教师的评价更是直接影响着学生的健康成长。这种成长的轨迹可以在学生的情趣中窥见一斑。在高中三年的学习生活中，学生的情趣变化可能是隐隐约约的、断断续续的。而这种情趣反应需要教育者细心地观察、真心地呵护。例如，学生非常喜欢读一些通俗言情小说，在写作练习中也经常编写一些以情节取胜的爱情故事。在语文教师三年有意识的课堂评价下，这位学生的阅读视野得到很好的拓展，在写作上逐渐从关注情节转向关注语言。在这个过程中，教师评价的有效性是不能在短时间内显现的，也不能只从学生外显的一些变化看出来。当学生有了健康的情趣、高雅的品位、高尚的人格，教师的评价质量自然让人心悦诚服。

（三）课堂评价质量标准制定原则

1.可操作性原则

课堂评价质量标准只有可操作，才能真实有效地发挥它的功用。否则，课堂评价质量标准依旧是主观性的，不能科学地进行评测。

2.教学统一原则

课堂评价质量标准的制定不但要考虑教师教的因素，也要考虑学生学的因素。教学是教与学的统一，对教师评价进行评测，也不能仅从教师角度出发，学生也是课堂的主人，学生学的内容、学的方式、学的效果，都是课堂评价质量标准要考虑的。

3.公正可信原则

课堂评价在执行的过程中，要奉行公正可信的原则，不然，所谓的教师课堂评价质量标准也不过是一纸空文，在教学实践中可能还会产生很多负面影响。

第三节　课堂教学评价对高中语文教学的作用及应用

一、课堂教学评价对高中语文教学的作用

（一）提高语文教师课堂教学改革意识

在新课改背景下，语文学科作为所有学科中的基础课程而备受重视，语文课程标准从三个维度判断语文课程的标准，即"知识与能力、过程与方法、情感态度与价值观"，高中语文更关注后面两个维度的内容，而课堂教学评价恰恰体现了课程在后两个维度中的情况。通过课程评价可以使语文教师不断改进课堂教学，提高教师的课堂教学改革意识，呈现出更好的课堂教学效果。

（二）激发学生学习语文的兴趣

课堂教学评价的一个重要环节就是学生评价，学生评价可以及时收集学生对课堂的意见和建议，增强学生课堂参与感，使学生参与到课堂设计中，充分发挥学生的主体性和创造性，从而激发学生学习语文的兴趣。

（三）丰富语文课堂教学

语文课程作为所有学科中的基础学科，在高中课程中占据十分重要的地位，因此要对语文课堂教学引起重视，同时也要丰富语文课堂教学的内容。高中语文课程的内容十分宽泛，学生除了学习课本上的内容外，还可以通过其他途径学习更多语文知识，丰富自己的知识储备，课堂教学评价可以收集学生对语文课堂教学的知识和形式的建议，不断调整、丰富语文课堂教学。

二、课堂教学评价结果在高中语文教学中的应用

（一）课堂教学评价结果的呈现方式

常规的课堂教学评价结果的呈现方式包括定性和定量两种，在实际应用中，定量的呈现方式使用比较频繁。然而，课堂教学过程中会存在许多不确定的因素，如课程标准的情感态度与价值观是无法具体量化展示的，因此在课堂教学评价时要采用定性与定量相结合的方式，这样才能使评价结果更客观准确。

1. 直方图

直方图又称质量分布图，它是一种条形图，可以精确表示数值数据分布情况。在呈现课堂教学评价结果时，可以将对教师的评价，如学生的评分和教师等级评定通过直方图更加直观地呈现出来，此外，还可以运用直方图将教师的评价结果与学校其他教师进行对比，使教师在对比中更清楚地认识到自己当前教学所处的状态，在其中发现自己的优点和不足，不断发扬长处、补足短处，完善自身的教学内容。

2. 名次排序

综合多方面因素对教师的课程教学进行打分评价，划分等级，可以更直观地呈现教师在同校教师中所处的状况，从而认清自己的教学水平，并不断改进。通过排序还可以激发教师的好胜心，增强教师提高教学水平的动力。但排名只能反映部分的内容，在排序的时候还需要添加一些其他能反映教师教学质量的评价，量化的结果可以直接通过排名公示，质化的结果可以在排名后公示，也可以不公示，直接发布在系统上由教师自己查询，使评价结果更加科学准确，便于教师对教学内容不断进行调整。

3. 文字表述

除了直方图和名次排序外，课堂教学评价结果还可以通过文字表述的方式呈现，评价者通过文字将自己对课堂教师教学情况进行详细评价，更加准确地表达自己的意见和建议。文字表述的评价内容一般包括两个方面：一方面是课堂教学的优点；另一方面则是教学过程中的不足和有待完善的地方。将评价内

容详细分出优点与不足，且将具体的评价内容通过文字详细表述出来，可使评价内容更具有针对性。但是文字表述的评价方式相比直方图和名次排序操作起来难度更高，所以还是要与前两种评价方式相结合。

（二）课堂教学评价结果的反馈与利用

课堂教学评价的结果如何很好地反馈给各位教师和学生，是充分利用好评价的基础。课堂教学评价的最终目的是促进教师和学生的全面发展。

1. 课堂教学评价结果反馈

课堂教学评价结果出来之后，必须及时将结果反馈给学校领导和教师。结果反馈既要通过张贴公告的方式进行公示，也要把结果发布到学校的网络系统中，便于学校工作人员与全体师生直接登录系统查询结果。评价结果反馈不仅要反馈最终结果，还要将评价过程中学生对教师的评价和建议进行整理，经学校领导审核后下发到每位教师手中，使教师对评价结果更加清楚，并根据评价内容中的意见和建议调整教学方案，有针对性地改进教学方法，从而取得更好的教学效果。

2. 课堂教学评价结果利用

学校要充分利用课堂教学评价结果，一方面可以使教师根据课程教学评价的内容有针对性地调整教学方法，使师生根据教学评价的内容一起努力改善课堂教学效果；另一方面课堂教学评价中对教师的评价可以作为对教师考核的参考，与教师的评优评奖挂钩，使教师重视课堂的教学效果，从而激发教师改进教学方法的动力。为了更好地发挥课堂教学评价的作用，学校可以为课堂教学评价制定相应的奖惩制度，通过物质奖励等方式鼓励优秀的教师继续努力，同时也能通过这样的方式激励教学效果较差的教师向优秀的教师看齐，学习其他教师的优秀经验，不断改进自身的教学方案，最终全面提高学校的教学水平。

第四节　高中语文教学评价变革趋势研究

一、关注语文学习自主积累与建构

新课改背景下，语文课程标准也在不断调整，对语文课程的评价标准从传统意义上的系统知识的传播逐步转变为学生对语文知识的不断积累，更加重视学生对知识的理解和接受。在知识传授的过程中，单一地通过语言教授的方式只能使学生被动地接受知识，而缺乏自身的体会和感悟，不利于知识的积累。而充分利用课本教材和其他形式教材如多媒体视频材料等，可以丰富学生学习知识时的感官体会，使学生充分投入知识的学习中，调动各个感官共同参与知识的学习，从而达到更好的学习效果。因此，在语文知识传授的过程中，不能只注重单一的课本知识的传播，而要注意到教学方法对学生知识习得所起的重要作用。

由此看来，对语文课程的评价也不能只注重知识的传授熟练等，语文教学也并不是传统的单一课本知识的积累，而要充分利用各类学习材料丰富课堂教学手段，使学生对习得的知识有深刻的理解，加深学习印象，提高学习效率。

二、回归汉语言文字与文化学习规律

虽然时代不断发展，人们的生活内容不断更新，但是语文课程教学内容依旧注重对民族传统文化知识的继承，包括对民族的传统诗词、成语典故、经典著作等的学习与传承。而在学习传统文化知识时，不仅仅要学习文化，更重要的是学习蕴含在文化中的民族精神内核。因此，在对语文课程进行评价时，不能只单一地根据学生对文化知识的背诵识记能力来判断教学效果，更要考查学生通过学习知识对民族精神的把握，以及是否能把习得的文化中的精神思想内核应用到现实生活中。课堂教学评价最终是要为提高教学质量服务的，因此还要关注是否能使学生通过学习提高综合素质和文化素养。

以传统诗词的背记为例可以发现，在对传统诗词的掌握情况进行考查时，教师通常都会采取测试学生对诗词原文背诵记忆的情况，只有极少数题目会测试学生对诗词的理解和感悟以及对传统诗词的系统体会。然而，传统文化知识的教学最终是要引发学生思想情感的感悟，因此不能只采用单一的传统背记教学，要根据学生不同的特定进行有针对性的教学，加深学生对诗词的感悟，以实现学生对传统文化知识及其内涵的积累，从而提高学生的文化素养。

三、重视问题解决过程而非结果

在新课改背景下，课程教学更注重学生对知识进行创造性的接受和转化，从而将刻板的知识转化为自身内在的文化积累，课程教学的难度随之增大，因此对课程评价标准也提出了更高的要求，评价内容既要体现课程教学情况，又要使教师能根据课程评价对教学方案进行调整，以提高教学质量，而且学生作为课程评价的重要参与者，在评价内容设置时还要尊重学生的意见和自主性，这给课堂教学评价又带来了很大的难度。语文课程标准提出课堂教学不是培养死记硬背、单纯学习课本知识的人，而是要通过知识教学，使学生从中总结学习的方法，激发学生获取知识的兴趣，不断提高学生的文化素养，并培养学生将所学知识应用到实际生活中解决问题的能力，将学生培养成身心全面发展的人才。语文课程的评价结果正是为了使教师通过评价结果不断调整教学方式，提高教学质量，以期更好地实现教学目的。